狂威怒放
RUSSELL WESTBROOK

威斯布鲁克全能制霸珍藏图传

冯逸明 主编

世界知识出版社

图书在版编目（CIP）数据

狂威怒放：威斯布鲁克全能制霸珍藏图传 / 冯逸明
主编 .—北京：世界知识出版社，2016.7
（钻石巨星珍藏书系）
ISBN 978-7-5012-5246-6

Ⅰ.①狂…Ⅱ.①冯…Ⅲ.①威斯布鲁克，R.–生平事迹–画册 Ⅳ.① K837.125.47

中国版本图书馆 CIP 数据核字（2016）第 140570 号

责任编辑	余 岚 刘 喆
责任出版	赵 玥
责任校对	张 琨
封面设计	冯逸明
书　　名	狂威怒放：威斯布鲁克全能制霸珍藏图传 Kuangwei Nufang：Weisi Buluke Quanneng Zhiba Zhencang Tuzhuan
主　　编	冯逸明
出版发行	世界知识出版社
地址邮编	北京市东城区干面胡同 51 号（100010）
网　　址	www.ishizhi.cn
经　　销	新华书店
印　　刷	北京朗翔印刷有限公司
开本印张	787×1092 毫米　1/16　7 印张
字　　数	340 千字
版次印次	2016 年 10 月第一版 2016 年 10 月第一次印刷
标准书号	ISBN 978-7-5012-5246-6
定　　价	39.80 元

■版权所有　翻版必究

RUSSELL WESTBROOK
CONTENTS

威少开篇 ········· 04
誓不低头——威斯布鲁克札记

奔雷怒放 ········· 12
威斯布鲁克二十大锐视角
加州大学 / 零八之耀 / 俄城三少 / 雷霆双少
连庄星魁 / 无法阻挡 / 简单直白 / 激情似火
面具超人 / 三双之王 / 忍者神龟 / 暴控鼻祖
威少大婚 / 封面大咖 / 侠骨仁心 / 时尚先锋
独立潮牌 / 奥运金牌 / 续约俄城 / 独守孤城

独抗群雄 ········· 39
威斯布鲁克生涯十大对手
保罗 / 库里 / 帕克 / 欧文 / 韦德
哈登 / 科比 / 利拉德 / 沃尔 / 洛瑞

与威少同行 ········· 45
威斯布鲁克的4大亲友
布鲁克斯 / 乐福 / 弟弟 / 妻子

战靴赏鉴 ········· 46
乔丹第31代战靴解析
威少历代战靴赏析

我就是我 ········· 51
威斯布鲁克生涯特别传略
孩提时代 / 少年烦恼 / 锋芒初露 / 惊雷乍起
我行我素 / 球队支柱

霸道纵横 ········· 69
威斯布鲁克十大经典战
雷击火箭 / 双杀魔术 / 星光闪耀 / 神龟魔法
三双封神 / 屠牛晋级 / 知耻后勇 / 决战天王山
首胜奇锋 / 神龟狂舞

霹雳神锋 ········· 79
威斯布鲁克十大必杀技
急停旋翼 / 单刀直入 / 电光石火 / 奔雷怒放
弯弓搭箭 / 鬼手神断 / 鹰击长空 / 暗度陈仓
遮天蔽日 / 威不可挡

天魔军团 ········· 93
俄克拉荷马城雷霆点将录
多诺万**绝命赌师** / 威斯布鲁克**霹雳魔王**
杜兰特**无解死神** / 威斯布鲁克 & 杜兰特**无敌王炸** / 伊巴卡**进击巨灵** / 亚当斯**怒发金刚** / 维特斯**影武奇兵** / 坎特**波斯神兽**

数据酷 ········· 111

威少档案 ········· 112
个人档案 / 常规赛数据 / 季后赛数据
全明星赛数据

零
号
魔
王

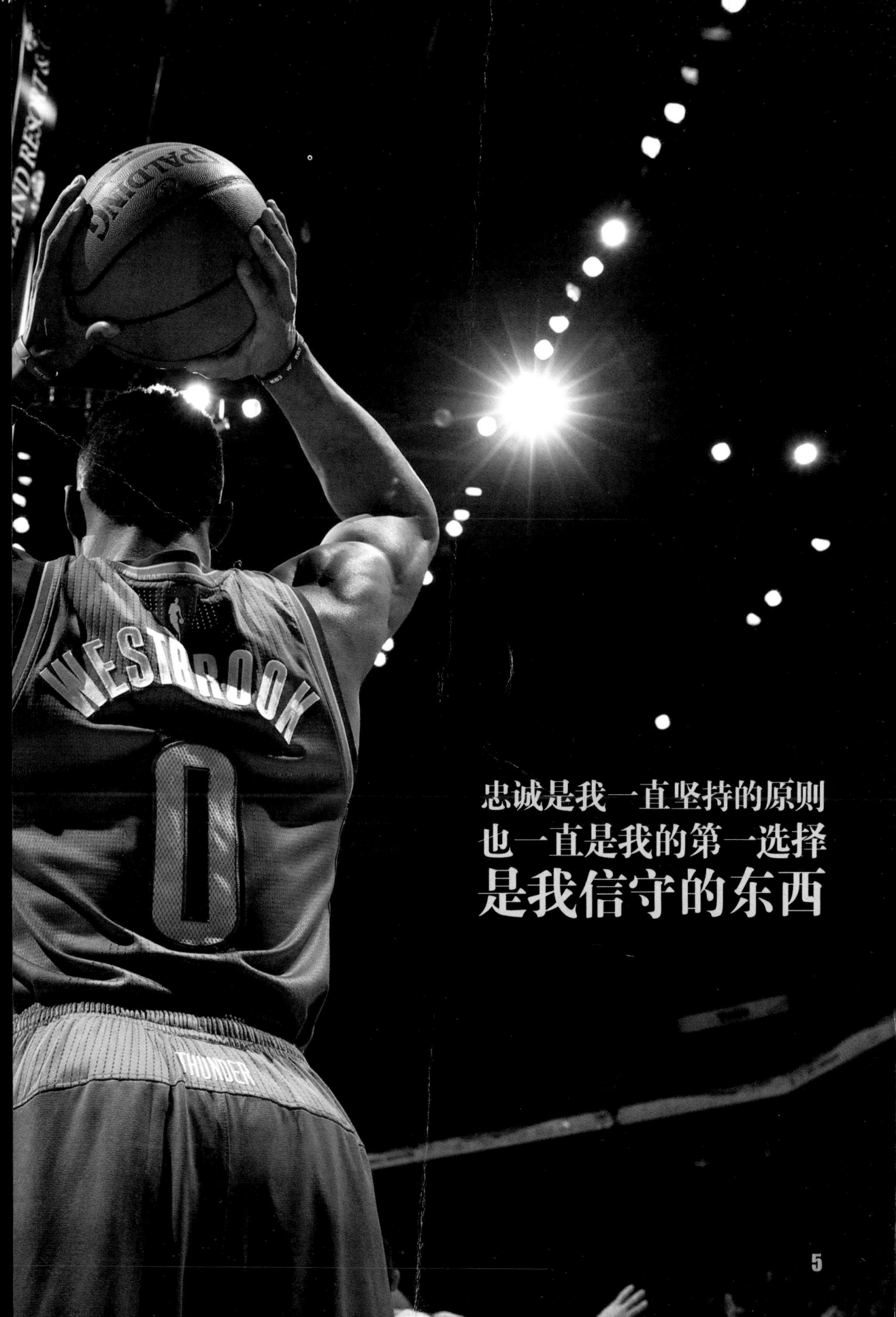

2 两届全明星MVP

威斯布鲁克常规赛三双之路

2009—2014 年三双统计

次数	时间	战报	数据
1	2009.3.2	小牛 87 比 96 雷霆	17 分 /10 篮板 /10 助攻
2	2010.2.20	雷霆 109 比 107 森林狼	22 分 /10 篮板 /14 助攻
3	2010.12.31	老鹰 94 比 103 雷霆	23 分 /10 篮板 /10 助攻
4	2011.1.13	魔术 124 比 125 雷霆	32 分 /10 篮板 /13 助攻
5	2011.1.28	奇才 117 比 124 雷霆	35 分 /13 篮板 /13 助攻
6	2013.3.30	雷霆 109 比 99 雄鹿	23 分 /10 篮板 /10 助攻
7	2013.12.25	雷霆 123 比 94 尼克斯	14 分 /13 篮板 /10 助攻
8	2014.3.4	76 人 92 比 125 雷霆	13 分 /10 篮板 /14 助攻

2014/2015 赛季三双统计

次数	时间	战报	数据
1	2015.1.16	勇士 115 比 127 雷霆	17 分 /15 篮板 /16 助攻
2	2015.2.2	魔术 97 比 104 雷霆	25 分 /11 篮板 /14 助攻
3	2015.2.4	步行者 92 比 105 雷霆	20 分 /11 篮板 /10 助攻
4	2015.2.26	雷霆 113 比 117 太阳	39 分 /14 篮板 /11 助攻
5	2015.2.27	雷霆 112 比 115 开拓者	40 分 /13 篮板 /11 助攻
6	2015.3.4	76 人 118 比 123 雷霆	49 分 /15 篮板 /10 助攻
7	2015.3.8	猛龙 104 比 108 雷霆	30 分 /11 篮板 /17 助攻
8	2015.3.13	森林狼 99 比 113 雷霆	29 分 /10 篮板 /12 助攻
9	2015.3.20	老鹰 115 比 123 雷霆	36 分 /10 篮板 /14 助攻
10	2015.4.1	小牛 135 比 131 雷霆	31 分 /11 篮板 /11 助攻
11	2015.4.5	火箭 115 比 112 雷霆	40 分 /11 篮板 /13 助攻

2015/2016 赛季三双统计

次数	时间	战报	数据
1	2015.11.10	雷霆 125 比 101 奇才	22 分 /11 篮板 /11 助攻
2	2015.11.13	76 人 85 比 102 雷霆	21 分 /17 篮板 /11 助攻
3	2015.12.6	国王 95 比 98 雷霆	19 分 /11 篮板 /10 助攻
4	2016.1.15	森林狼 93 比 113 雷霆	12 分 /11 篮板 /10 助攻
5	2016.1.17	热火 74 比 99 雷霆	13 分 /10 篮板 /15 助攻
6	2016.1.29	火箭 108 比 116 雷霆	26 分 /10 篮板 /10 助攻
7	2016.2.1	奇才 98 比 114 雷霆	17 分 /13 篮板 /11 助攻
8	2016.2.3	魔术 114 比 117 雷霆	24 分 /19 篮板 /14 助攻
9	2016.2.29	雷霆 131 比 116 国王	20 分 /13 篮板 /15 助攻
10	2016.3.6	雷霆 104 比 96 雄鹿	15 分 /10 篮板 /11 助攻
11	2016.3.9	快船 108 比 120 雷霆	25 分 /11 篮板 /19 助攻
12	2016.3.14	开拓者 94 比 128 雷霆	17 分 /10 篮板 /16 助攻
13	2016.3.18	雷霆 111 比 97 76 人	20 分 /15 篮板 /10 助攻
14	2016.3.19	雷霆 115 比 111 步行者	14 分 /11 篮板 /14 助攻
15	2016.3.22	火箭 107 比 111 雷霆	21 分 /12 篮板 /11 助攻
16	2016.3.28	雷霆 119 比 100 猛龙	26 分 /10 篮板 /12 助攻
17	2016.4.5	雷霆 124 比 102 掘金	13 分 /14 篮板 /12 助攻
18	2016.4.11	湖人 79 比 112 雷霆	13 分 /10 篮板 /14 助攻

威斯布鲁克季后赛三双之路

2009—2016 年三双统计

次数	时间	战报	数据
1	2009.3.2	小牛 87 比 96 雷霆	17 分 /10 篮板 /10 助攻
2	2011.5.15	灰熊 90 比 105 雷霆	14 分 /10 篮板 /14 助攻
3	2014.4.29	灰熊 100 比 99 雷霆	30 分 /10 篮板 /13 助攻
4	2014.5.3	灰熊 109 比 120 雷霆	27 分 /10 篮板 /16 助攻
5	2014.5.7	快船 101 比 112 雷霆	31 分 /10 篮板 /10 助攻
6	2016.5.24	勇士 94 比 118 雷霆	36 分 /11 篮板 /11 助攻

单赛季三双平纪录 **18**

2016年夏天，当所有人都聚焦在杜兰特和勇士那边时，拉塞尔·威斯布鲁克却在球馆里挥汗如雨，继续那些日复一日的训练，他不发表对于兄弟杜兰特的看法，不稀罕那些风口浪尖的舆论热点，他只在乎他自己的竞技状态，只在乎这支雷霆队。

誓不低头
Westbrook
威斯布鲁克札记

● 文 / 平原公子

自反而缩，虽千万人吾往矣！威斯布鲁克从未畏惧过孤军奋战和以寡敌众，甚至，他还很享受这种感觉。2014/2015赛季在杜兰特伤停期间，威少承担了大部分的进攻重担，以场均28.1分当选得分王，同时仅出战67场的他，却拥有NBA最高的总出手数（1471次）。难怪传奇巨星科比对他赞不绝口，声称："威斯布鲁克是联盟中最像我的球员！"

科比对威少如此青睐不是没有原因的，因为大部分球员都会随着年龄的增长和球队形势的变化，来改变自己的打球方式。但联盟中，只有两位球星，称得上是彻底地特立独行，他们就是科比和威少。威少的个人天赋在控卫中超越时代，一以贯之的铁骑突出、冲锋陷阵，没有人能够让他慢下脚步。在很多时候，他像燎原烈火一样不可阻挡，对手只能眼睁睁看着他杀进杀出，大肆砍分。

2016年夏天，威斯布鲁克职业生涯中第一次遭遇如此重大的队友变动，伊巴卡被交易，杜兰特决意离开了他的雷霆，去金州勇士追逐他的星辰大海去了，许多雷霆蜜都非常丧气，甚至发出怨恨之声，怪杜兰特不够汉子，不够坚强，感叹雷霆如此强队，今日成了明日黄花。不过在主教练多诺万看来，伊巴卡和杜兰特的离开，给了雷霆更多时间来规划出一个以威少为核心，由他来创造机会的比赛计划。而这正是威少所长，2016/2017赛季雷霆命中的所有投篮中，有49.6%来自威少的助攻，在联盟高居第二。

这于威斯布鲁克来说，未必就是一件坏事。他最爱的就是挑战全世界的感觉，若不是单枪匹马，马踏连营，他还觉得不痛快呢。威少这一回就好比赵子龙风烟长坂坡，文鸯单鞭退百骑，甘兴霸百翎贯敌营，冉闵天王左刀右枪顺风而击破敌百里，又好似《冰与火之歌》中的琼·雪诺，面对小剥皮的铁甲骑兵，箭如雨下，单枪匹马横剑当胸，不管打得赢打不赢，就是这个老子天下第一，就是不服的范儿。

虽然威少在技巧、力量、天赋综合素质上和科比不尽相同，但他这副混不懔的劲头，却和科比是如出一辙的，所以你才会看到那些不讲理横冲直撞的突破，那些高速运动中的僵尸跳投，那些莫名其妙的三分出手……结果就是进了很多神奇球，也打了很多神奇的铁。

如果威少身边有着杜兰特，他好歹会照顾老大的MVP和得分王的地位，会让老大先进攻，实在打不开局面的时候他再来横冲直撞七上八下。如今没有老大了，他自己就是老大，那还不是哪吒出了钱塘关，红孩儿离了南海，孙悟空摘了紧箍咒。没有任何战术和感情上的限制，威少能把天捅个窟窿。2016/2017赛季，杜兰特去了勇士，库里、汤普森、杜兰特三大外线巨星分球权，那可是个前无古人的事情，在这样的情形下，不是每个人都能获得充足的出手权的，最终很有可能三个人出手次数都会下降，得分也会减少。而威少在一个没有杜兰特分球权的体系里，还不是困龙入海，笼鸟上天，想怎么打怎么打，下个赛季夺取MVP的，很可能就是威斯布鲁克，当然还要雷霆取得拿得出手的战绩。

2015/2016赛季的开拓者，除了利拉德，四大首发走了个干净，人们都以为这支青年近卫军走到了终点，利拉德偏偏不信邪，一个人扛着这支面目全非的波特兰开拓者一路杀进了西部半决赛，堪称一个最为励志的故事。利拉德能够做到的，相信威少也能做到。

"塞翁失马，焉知非福"，对于威少来说，阵容的变化反倒帮他减少了条框限制，接下来一位没有限制的"完全体"威少是什么样子，我们拭目以待。

- ●勒布朗·詹姆斯："威斯布鲁克已经进步了很多，他是联盟有史以来最有运动天赋的球员之一。"

- ●凯文·杜兰特："他站了出来，每个球员都尊敬他，多么特别啊。"

- ●泰伦·卢："他是我见过的身体素质最佳，最强壮，运动天赋最好的控球后卫，我在此之前没有见过。"

- ●伊塞亚·托马斯："没有控卫愿意与威斯布鲁克对位，他残暴的打球风格让其他球员胆寒。"

- ●科比·布莱恩特："那小子打球富有激情与冲击力，如果非要我选一个接班人的话，那就选威斯布鲁克。"

- ●迈克尔·乔丹："如今的威斯布鲁克那是30年前的我，那种对篮球热情的态度，你可以在他的表现里看出来，他带着活力和天分在打球。"

- ●斯科特·布鲁克斯："威斯布鲁克有一颗总冠军的心，他从来不会为自己找任何借口，每一场比赛中他都倾尽所有，这就是他整个职业生涯的写照。"

奔雷怒放

威斯布鲁克二十大锐视角

在巨星抱团的如今，他选择留守俄城，将NBA中那份倔强、孤傲的血性完全继承。他侵略如火、目空万古，如奔雷怒放！即便是在当今控卫盛世中，他的天赋与才华也绝无仅有……

他是绽放天边那束不一样的烟火，惊诧世人、踏碎凡庸，成就了惊为天人的三双传奇；他又是独步潮流的那位时尚先锋，打造出独特酷炫的自我风格；他还是逆转风云的联盟霸才，让全世界球迷们不禁一同期待未来，属于他的神奇时刻……

01 视角
加州大学

高中时期,威斯布鲁克籍籍无名,只得到马力蒙特、克莱顿以及科特州立的几所小学校关注。但在对阵卡森高中轰下51分后,幸福找上了门。UCLA、亚利桑那纷纷前来招募,威少选择了离家更近的UCLA(加利福尼亚大学洛杉矶分校)。即使UCLA后卫线爆满,但他仍义无反顾。

选择UCLA意味着基本没有上场时间,他的前面是达伦·科里森、阿隆·阿弗拉罗,以及一群拥有NBA实力的替补后卫。大一时,威少场均出场9分钟,得到3.4分0.8个篮板0.7次助攻。在总共出场的325分钟里,他的中投被无限放大。人们笑他不会投篮,但威少只是默默训练。

大二时,幸福不期而至。铁打不动的首发科里森受伤,威少成功上位,场均出战33.8分钟,得到12.7分3.9个篮板4.3次助攻。他强硬的打法迅速吸引了很多关注,后来科里森伤愈也没能撼动他的位置。同年,威少获得了太平洋十联盟的年度最佳防守球员,入选太平洋十联盟第三阵容和联盟最佳防守阵容,还创造了校史上大二球员的最长上场时间纪录(1318分钟)。

02 视角
零八之耀

2008届新秀产生了极速暴力型一号位中的绝代双骄，威少和罗斯。另外还有一位在高中时代就名动美利坚的梅奥，以及制造无数天才传说的比斯利。他们毫无悬念地占据了前四顺位，但这届新秀的成才率在21世纪绝无仅有。第五顺位的"篮板收割机"乐福，第七顺位的"鬼才枪手"戈登，以及各自打出名号的洛佩斯、希伯特、伊巴卡三个内线球员。但是当八年之后回顾时，我们不得不承认，充满劲爆能量的永动机一样的威斯布鲁克冲到了所有人前面。

威少在大学时展现出的强悍的防守能力，超强的身体能力，以及凶悍的攻击篮筐能力，让他在2008选秀大会首轮第四顺位被雷霆选中。

当时，威少仅被视为一个没有投篮、几乎只打过一年NCAA的愣头青。但雷霆总经理普雷斯蒂慧眼识珠，出人意料的选择威少，让很多专家嗤之以鼻，因为他们都预测雷霆会选择贝勒斯或者勒夫。但事实上，以威少那钢筋铁骨的身体，疯狂的百米速度（10.2秒百米），配得上4号签。

"克莱托指数"通过体重与身高的比例关系来表示每厘米身高的重量，威斯布鲁克的克莱托指数是446.3。这一数字接近NBA后卫（1号位和2号位）的平均值（约为450）。兼具力量与灵敏度——这无疑是对他作为一名得分能力超强1号位球员的最好诠释。

2008年的NBA选秀体测报告中，威斯布鲁克的体脂含量是4.8，普遍低于同届新秀。从运动医学的角度来讲，男性体脂含量与速度、耐力、爆发力及柔韧性显著相关。也就是说，体脂含量越少，身体素质的发展越有利。

Russell Westbrook 2008新秀体测报告

赤脚身高	189cm
穿鞋身高	192cm
体重	87kg
臂展	203cm
战力摸高	254cm
体脂含量	4.8
原地垂直弹跳	76cm
最大垂直弹跳	93cm
185磅卧推	12次
底线折返跑	10.98s
3/4场冲刺	3.08s
100米时间	10.2秒
现役最快球员	

2008年选秀顺位

1. 德里克·罗斯
2. 迈克尔·比斯利
3. O.J.梅奥
4. 拉塞尔·威斯布鲁克
5. 凯文·乐福
6. 达尼罗·加里纳利
7. 埃里克·戈登
8. 乔·亚历山大
9. D.J.奥古斯汀
10. 布鲁克·洛佩斯
......
17. 罗伊·希伯特
24. 赛尔吉·伊巴卡
35. 德安德鲁·乔丹
45. 戈兰·德拉季奇

03 视角

俄城三少

2012年10月28日，雷霆将哈登交易至火箭，合作仅三个赛季的"俄城三少"宣告解体。回首往事，令人唏嘘不已。遥想2009年，哈登在首轮第三顺位被雷霆选中，与队中的两位年轻人杜兰特和威少，组成"俄城三少"。他们是俄克拉荷马一道别具特色的风景，年轻是他们的标签，未来不可限量。

"俄城三少"不仅亲密无间，而且技术风格还形成很好互补。杜兰特的精准投篮、威少的犀利突破和哈登的出色组织，成为俄克拉荷马人克敌制胜的法宝。他们同心协力，在联盟刮起一阵绚丽的青春风暴。

自古英雄出少年，在他们意气风发的2012年，"俄城三少"率队先斩小牛、再退湖人、最后拔刺，连克三支昔日总冠军球队，威震联盟。虽然总决赛惜败热火，无缘总冠军，但却收获了宝贵经验与信心。

正当三少踌躇满志，对未来充满期待时，哈登续约谈判不顺，雷霆将他送至火箭，俄城三少就此分道扬镳。

昔日的"俄城三少"通过各自磨砺，现都已成为MVP级巨星。虽然天各一方，但情义依旧。2015年全明星赛期间，哈登更是全程与杜兰特、威少腻在一起，再续兄弟之情。

 视角

雷霆双少

虽然 2016 年杜兰特远走金州,雷霆双少自此绝迹江湖,但杜威二人携手杀出那段疾风烈马的峥嵘岁月,不会烟消云灭,将作为 NBA 史上最强火力的双人组而永载史册。

"雷霆双少",杜兰特与威斯布鲁克,一个沉稳有度,一个奔放狂野,拥有无与伦比的天赋与勇决……

双子将星,冠绝天下!威少天纵奇才,恣意来去,以控卫之名,紧随杜兰特成了新科得分王,而杜兰特在得分领域的地位,则早已无须多费口舌。雷霆作为一个小球市,给两个天才的支援实在是太有限了,如果再有伤病,更是不言而喻。

杜兰特在 2007 年首轮第二顺位被超音速选中,1 年之后,球队搬至俄克拉荷马,改名雷霆。2008 年选秀大会,

威斯布鲁克在首轮第四顺位被雷霆选中。至此,"雷霆双少"拉开了联手征战NBA的大幕。

　　善于投篮的杜兰特和精于突破的威少可以说是珠联璧合,相得益彰。虽然合作初期球队战绩不佳,但他们却日益进步。杜兰特四夺得分王,威少也迅速成长为联盟炙手可热的控卫。伴随着二人的成长,雷霆在2012年打进总决赛,只可惜经验的缺失让他们憾负热火,无缘总冠军。

　　"雷霆双少"逐渐成为联盟首屈一指的超级组合。杜兰特于2014年当选常规赛MVP,威斯布鲁克也不甘落后,2015年、2016年连续捧起全明星MVP奖杯。虽然二人看起来像是冰火两极,但联手效力雷霆的这8个赛季,无论身处何处,他们都亲密无间。

　　2016年雷霆兵败金州,杜兰特也"投敌"而去,组成勇士四巨头。威少独守俄城,接下来兄弟之战在所难免,昔日"俄城三少"——杜兰特、威斯布鲁克、哈登,如今各为其主,也是联盟一景。

连庄星魁

2016年2月15日，多伦多全明星正赛，西部最终以196比173再胜东部。威斯布鲁克23投12中，三分球17投7中砍下31分8个篮板5次助攻5次抢断，蝉联全明星赛MVP，成为继1959年佩蒂特后首次蝉联此项荣耀的第一人。

威斯布鲁克在全明星的舞台上展现了自己：无论是出众的个人能力，还是超强的表演欲望，抑或是对于胜利与荣誉的无限渴望，在这些方面无人可与威斯布鲁克相比。全明星MVP连庄王当之无愧！

值得一提的是，此前威斯布鲁克在2015年2月16日，砍下41分，荣膺纽约全明星赛MVP。41分，是全明星历史的单场第二高分，仅次于张伯伦在1962年的42分。

✚ 特别链接：连庄再现神迹

作为五届全明星以来首次以主力身份登场的威少，从开场就展现出强烈的表演欲和求胜心，他是与队友杜兰特不断冲击内线上演空中接力，然后看科比无欲无求时果断开启进攻模式向偶像致敬。弧顶一带三分屡试无果后，他选择右侧底角进行三分轰炸，三记三分过后将得分定格于31分，西部以23分大胜，威少蝉联全明星赛MVP。

而威斯布鲁克蝉联全明星MVP也完成了一项纪录，要知道在NBA历史上能做到类似的事情还要追溯到1959年，但当时佩蒂特蝉联MVP时是与贝勒并列。

无法阻挡

他光风霁月,眼空万古,一切能用篮球解决的都不是事。

作为一个凡人,永远也不会搞清楚威斯布鲁克从心脏到躯干到底是什么材料组成的。他膝盖大伤,半年进行了三次手术,却依旧如野牛一般地冲刺,特技表演一样急停跳投,雷神之锤一样的战斧劈扣,肉体的损伤对他来讲并无大碍,他可以分分钟满血复活。

威斯布鲁克2013/2014赛季完成两次三双,而接下来的2014/2015赛季他完成了11个三双,2015/2016赛季又创纪录地完成了18个三双。展现出了一个进化的、不同的自己,他的活力可以覆盖到球场的每一个角落,他的智慧也能够转化为美妙的助攻,但这一切的前提是——他的热血不至于点燃他的脑子。

若论一对一的攻防,在控卫中现在的他没有对手,保罗顶不住他强横的冲击,帕克无法面对他凶悍的防守,他飞天遁地、横冲直撞,永远精力充沛,随时准备用自己的方式拯救或毁灭世界。他如此豪奢地挥洒自己所拥有的一切,不计毁誉成败,这就是威少。

他是一柄快刀,最擅长的招式叫作"乱披风",铺天盖地、无所不在,以强势弥补精确度。本来只是一次常规的后卫突破发起进攻,但到了他手里,说不定就能穿透整个防御阵型,或者让对手的防守秩序陷入混乱——如果这两点都没有做到,他还有强行解决的能力。

07 视角
简单直白

开怀的笑，忘情的吼，放肆的怒！

无拘无束，百无禁忌，他有着孩提般单纯质朴。在威少看来："那都不是事儿！"所有的伤病困阻，只不过是浮云，人生终会阳光灿烂。天性纯良，生来耿直，威少就像古龙笔下的刀客，刀快，只因简单。

威少性格单纯直白，西北小城的民风淳朴也孕育出如此的威少，一个够简单，够直接的孩子。

他是历史上身体素质最好的控卫，对于他来说，得分如砍瓜切菜。他有着超变态般的速度和爆发力，突破第一步如同涡轮增压一般，急停悬翼式前冲跳投更是他无解杀招！

他的攻击方式可以说是简洁直白，也可以说是还原了篮球的本质——比你高，比你快，那还需要什么技巧？拥有着所有后卫中最快的第一步加速，他在突破时真的只是单纯的猛冲而已，哪怕他在突破的途中加上一个偶尔的停顿，应该都没有任何一个人可以盖到他的帽。而当他不突破的时候，干拔投篮就成了他的标志。

威斯布鲁克天赋异秉，所以攻防无须太多繁复，靠着简单粗暴的方式场均能刷到28分，能一场又一场地刷出大三双。这是个不公平的世界，有些人注定就是速度比你快，就是跳得比你高，你羡慕也羡慕不来，威斯布鲁克不是附庸风雅的绝世剑客，而是死战不休的独行刀手。

高居庙堂、锦绣华表，从不是他追求的目标。而快意恩仇、好勇斗狠的江湖野史中总少不了他的身影。

铿锵磊落，率性狂放，威少与冷静缜密的杜少联袂，风格互补，相得益彰。

他没有那些见招拆招的风情和雅兴，他更喜欢纵马杀入敌群，群殴乱斗，杀得天昏地暗，遍体血污却不死不休。

威少上篮如虎奔龙腾，投篮如急停旋翼，体魄如铜筋铁骨……没有那么多的花招，就是右侧硬突，但你就是防不住。他是一个胆大包天的直肠汉，热血奔放好兄弟。他宁愿做个单细胞的简单人，懒得算计和谋划，篮球和人生都过得洒脱快意。

08 视角
激情似火

在艾弗森、科比渐渐离去的如今，威少的出现又将我们带到那个激情似火的年代！

无所畏惧，永不言败，死战不休，执拗桀骜……威少拥有老牌球员的血性！在当今这个略显安静的联盟，威斯布鲁克是一个另类，他永远拼劲十足，对胜利的渴望无人能及。他是一个永不服输的偏执狂。

这正是威少性格中的魅力所在，无所畏惧，永不言败。对于雷霆而言，威少就是他们的能量制造机。有他在场，就永远不必担心球队缺乏激情。

纵然有人不解他的性格，甚至诟病他的打球方式。但他只打自己的球，在自己的世界里执拗地活着。

右手骨折期间，他丝毫没有懈怠，用左手坚持训练。在威少的字典里，没有失败。

09 视角
面具超人

在漫画世界里，有无数英雄都是戴着面具来拯救世界的，这隐匿神秘的面具仿佛拥有着深不可测的超级能力，他们被称作"面具超人"……

2015年3月5日，面骨骨折休息一场后，威少火线复出，面戴防护面具的他依旧是那个无所不能的超级赛亚人，战斗力直线上升。面对76人，上演了血脉贲张的疯狂屠杀，全场贡献49分16个篮板10次助攻，连续四场比赛砍下大三双数据。成为"飞人"乔丹之后首位达此壮举的球员。

伤病阻挡不了威少前进的步伐，戴上面具的威少更像是焕然新生的超级英雄，看似被击倒，但总会涅槃重生！他愈战愈勇，依旧在大开杀戒狂揽三双，克猛龙、屠群狼、射老鹰，带领雷霆高歌猛进……面具侠威少抒写着一篇英雄主义赞歌。

10 视角

三双之王

即便是翻开浩瀚的NBA巨星史册，能在一场比赛中轻松得到三双者，也寥寥无几。有些人穷尽一生，也不曾砍下几场三双，即便是那些以全能著称的巨星们。

自基德退役以来，联盟中能随心所欲砍下三双的球员越来越少。虽然隆多一度让人看到希望，但是伤病让他渐行渐远。

然而威斯布鲁克是个异类，他攫取三双的速度之快令人咂舌，在2015年2月，杜兰特的意外赛季报销，让人们看到了威斯布鲁克恐怖的三双能量，他在短短80天内砍下11次三双，超越拉里·伯德，跻身历史单赛季三双榜前十，而最近一次有球员单赛季拿到10次三双的还是2007/2008赛季的基德（13次）。

2015/2016赛季拿到18次三双，使得威少就此追平"魔术师"约翰逊在1981/1982赛季的单季18次三双纪录。更为难得的是，威少砍下的几乎都是大号三双。

威少的得分、篮板、助攻以及单项能力均能排到联盟前5名，此外还拥有劲爆绝伦的身体素质，并充满无限饥渴的攻击欲望。可以肯定，他已经成为这个时代最伟大的全能战士，纵观历史，他的未来极有可能比肩甚至超越"大O"、基德、"魔术师"约翰逊等前辈，成为最伟大的"三双机器"，没有之一。

不同于"10+10+10"的基德式经济型三双，威少经常可以砍下30+15+15豪华型三双，如果说身手全面、身体劲爆是威少成为三双之王的基础硬件的话，那么全心投入、绝不偏科、永远激情爆棚……这些是威少成为现役三双王的能量与源泉。

强大的得分、篮板、助攻能力是威斯布鲁克成为三双王的绝对保障。

传 奇 解 码

18 三双机器：2016年4月12日，雷霆主场112比79大胜湖人。威斯布鲁克砍下13分10个篮板14次助攻，这是本赛季的第18次三双，追平"魔术师"约翰逊，成为近35年单赛季拿下三双最多的球员。

视角 11
忍者神龟

看威斯布鲁克打球，你会感叹，一个身高和体重与常人无异的篮球运动员，为什么在场上会像"忍者神龟"一样呼啸疾驰？

当威斯布鲁克持球长驱直入突破上篮时，他全身上下656块肌肉、3亿根肌纤维和206块骨骼会神奇地组成人体的"作战部队"，收缩、支撑、调动能量，为他提供足够的耐力、连贯性和爆发力，如此雄浑奔放。"大西布"像是现代科技下某位大师的完美杰作。

拉塞尔·威斯布鲁克是篮球出现至今为止，最疯狂暴力的组织后卫，没有之一！相信威斯布鲁克吧，不管输赢他都能让你有种"带你飞"的快感，所有人看威少打球时心都要提到嗓子眼，然后兜里塞满各种拟声词，在"啊！喔！哇！"等一系列狂喷之后悻悻地喃喃自语道："这也忒不科学了！"

威少的球风如同看昆汀·塔伦蒂诺的电影一样畅快，这完全是关于美式的复仇快感和暴力美学的绝佳描述。威少打球就没什么优柔典雅的铺垫，绝对是拼一个不亏两个赚了、玩过今天没明天的打法！如果某些人非说威少是"神龟"的话，那么也是《忍者神龟：变种时代》里脸上永远怒气冲天的拉斐尔——威少每次比赛都会生吞活剥对手且永远保持怒色。

视角 12
暴控鼻祖

威斯布鲁克的横空出世，开创一个新的流派——暴力控卫。

誓将残暴篮球进行到底，必须要大刀阔斧地冲锋陷阵，不必也无须纠结控卫应当要传球还是进攻，因为在威少的视野里只有篮筐！

天赋惊艳，野马狂奔，威少挥舞着擂鼓瓮金锤杀的昏天黑地时，即使身边站着四届得分王，也只有搓手瞪眼、观敌惨阵的份儿……

他那浑身虬节的筋肉、骨骼清奇的面相，好似那隋唐第一好汉李元霸，眼中无敌我，只管拍马向前冲杀。一打五冲进包围圈骑在人头上上篮，或者一条龙带球到前场，迎着两三个人直接干拔三分，进球如天神附体，看得人血脉贲张，但也会失误打铁，令人无语……威少是个直肠汉，脑子里没有机巧和诈术，再骁勇的壮士也怕十面埋伏，再神骏的赤兔也怕绊马索，他放得开但是收不住。擂鼓瓮金锤挥舞起来，的确有横扫天下的气势，但杀伤力太大，有点敌我不分。

在威斯布鲁克之前并非没有暴力美学的组织后卫，如菲尼克斯的"奔雷手"凯文·约翰逊，曾在比赛中颜扣"大梦"而声名远播，再后来像弗朗西斯还能跑去参加扣篮大赛成为"跳高王"，而金州勇士的大胡子巴朗·戴维斯堪称近10年来首屈一指的暴力一号位。

然而即便如此，组织后卫的暴力美学是在威斯布鲁克的手上发扬光大的，无论是对抗、身体素质、球风、力量和速度，威少都在拉开和其他暴力美学一号位球员的差距。威少成了阿奇巴尔德之后，第一个以组织后卫身份斩获得分王头衔的球员。

当然威少的天赋异禀和荷尔蒙过盛的攻击欲望并非刚刚展露出来，他似乎天生具有一种侵略性，这和其咄咄逼人的长相和打球的气场如出一辙。

威少看着粗犷，但实则聪敏好学，飞天遁地扛着炸药包炸碉堡纯属个人爱好。威少从刚进入联盟时三分球未开发，现如今三分球已占据其进攻的近三成。此外，他在近三个赛季已经开发出来了无解大杀器——急停跳投，还是前倾式的变态式投篮。同时，威少减少了低效投篮区域的莽撞出手，细心的人和数据专家会发现，威少将这种低效区域扩大成了三分球，并且增加了急停跳投的稳定性和杀伤力，实际上威少的投篮技术是领先绝大多数球员的。

13 视角
威少大婚

2015年8月29日，威斯布鲁克与女友妮娜·厄尔（Nina Earl）在洛杉矶的贝弗利山庄举办婚礼，杜兰特、凯文·勒夫以及詹姆斯·哈登等多位NBA好友都到现场送上祝福。

虽然威斯布鲁克夫妇想要举办一个低调的婚礼，但婚礼的现场依然是十分壮观的。此次婚礼筹划了大约一年时间，二人早在2014年9月就宣布订婚。当时威斯布鲁克大方地送了一枚价值70万美元的订婚戒指，并且还在个人社交网站上晒自己嘴咬未婚妻手指的照片，大秀恩爱，真是羡煞旁人。

威斯布鲁克和妮娜是大学时代的同学，在进入联盟前他们就开始交往，两人2015年结婚时同为26岁，都是洛杉矶人，大学都曾在UCLA就读。而且身高1.85米的妮娜还曾是UCLA女篮校队的主力成员，目前她正在主攻心理学硕士学位。

威斯布鲁克在进入联盟之后，面对花花世界仍对女友不离不弃，两人多次秀恩爱，晒出幸福照片。而随着婚礼的举行，这场由校园开始的爱情，也修成正果。

新婚伉俪，蜜月旅行，2015年9月8日，威少偕爱妻远赴希腊米克诺斯岛，夫妇二人泛舟爱琴海，寄情山水间。

米克诺斯岛，以其独特的梦幻气质在爱琴海的岛屿中首屈一指，全岛主要由花岗岩构成，海拔364米，被游客们称作"最接近天堂的小岛"。威斯布鲁克与爱人的蜜月之旅选择此处，足以留下超凡脱俗的蜜月回忆。

封面大咖

14 视角

众所周知，威斯布鲁克在联盟不仅是最全面、爆发力最强的球员之一，也是联盟中名列前茅的时尚达人。随着最近几个赛季的疯狂演出，他的人气越来越高，无数知名杂志邀请其客串封面先生。在成为《GQ》、《Vogue》等时尚杂志的封面人物之后，威少还成了《体育画报儿童版》6月版的封面人物。值得一提的是，威斯布鲁克在2015年成为NBA LIVE 16的封面球员，跻身超级巨星行列。

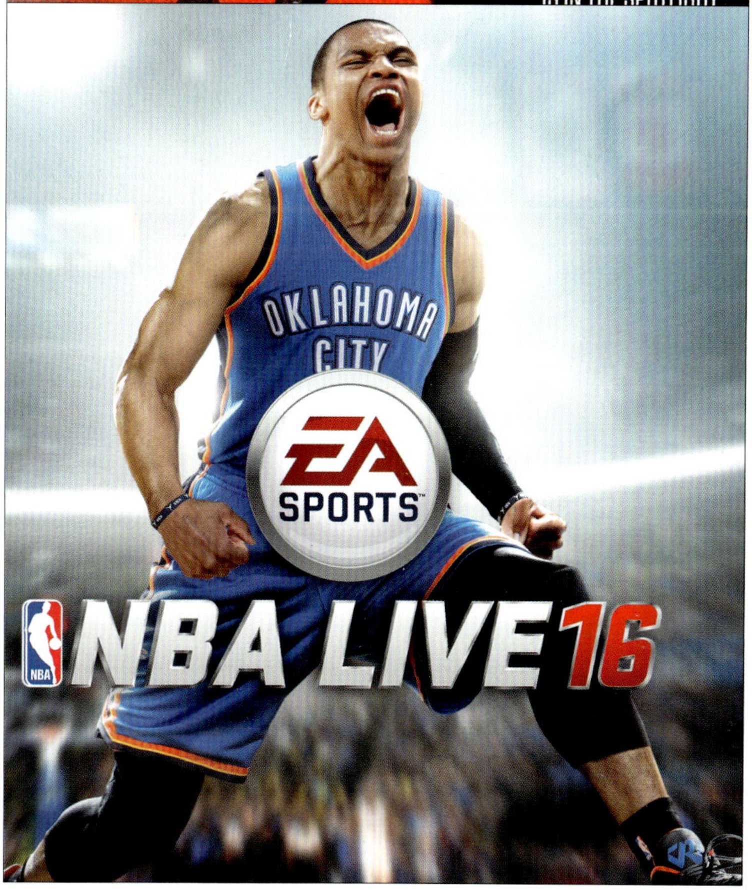

侠骨仁心

威斯布鲁克场上球风残暴,场下却和善可亲,是十足的暖男。2014/2015赛季,威少场上三双拿到手软,而在场外他则是送出了一次绝妙助攻:他将自己的全明星赛 MVP 奖励——一辆汽车,送给了一位名叫 Kerstin Gonzales 的单亲母亲。收到这份礼物后,Gonzales 喜极而泣,场面温馨感人,一度惹人落泪。威少说:"她为自己的家庭付出了各种辛劳,这就是向她致敬,我希望用自己力所能及的方式帮助他人。"

时尚先锋

　　人靠衣装马靠鞍，用惊世骇俗的想象力把自己打扮得时尚前卫！威少说，无论在球场还是在时尚界中，他总是能走在人们的前面。

　　由于品味在时尚界有口皆碑，这位被公认NBA最具个人穿衣风格的球星，已经在时尚界产生了深入人心的影响力，从他经常带的有色黑框眼镜，到齐膝盖的合身七分裤。抑或是色彩艳丽的T恤和搭配夸张的眼镜，无一不凸显出威少独特的时尚品位。

　　众所周知，威斯布鲁克是联盟首屈一指的潮流先锋。很多人熟悉他那动力十足的打球风格，而他那不拘一格的穿着打扮也是被人津津乐道的话题。

　　威少喜欢标新立异，风格独特、色彩斑斓的潮服是他出行必备的行头。

　　威斯布鲁克是如今NBA里穿衣打扮风格比较特立独行的一位，其实，这和威少平时爱做"功课"也有关。

　　他曾出现在Rag & Bone品牌的女装秀场，近距离解读时尚元素。还与《Vogue》主编温图尔坐在一起，热烈讨论时尚话题。

　　威少不仅热衷于潮流的穿着搭配，而且喜欢奔赴名流云集的时尚聚会。

　　而对于举止得体、衣着考究的威少来说，这样非凡的个人魅力也让好莱坞女星梅根·福克斯这样的女神一秒变粉丝。在一次颁奖活动中，她对搭档威少的穿衣风格盛赞不已，大秀少女花痴，能得到如此称赞无疑是对威少在时尚界的肯定。威少的穿衣理念，始终是有一种原始，野性，不拘小节又充满浮夸。

独立潮牌

威少的各种时尚代言不断，因此他也独立设计出属于自己特色的潮物。据悉，威少最早推出的产品是黑框眼镜，这种"威氏眼镜"超轻耐磨，色彩斑斓并且带 UV400 紫外防护。但威氏墨镜价格不菲，目前有十种设计可供选择，价格在 95 美元到 145 美元之间。威少戴着这些眼镜频繁出现在赛后各大新闻发布会上。

威少独特的时尚品位也让他在纽约时尚界备受青睐，并推出自己的潮牌——Westbrook。

此外，威少与他最喜爱的时尚品牌———巴尼斯纽约开展了在时尚界的跨界合作，一条生产印有强烈威少个人特色的服装生产线也将投入使用。

很多时尚品牌都将威少纳入了他们的设计师行列，并让他主导了很多商品的设计工序，包括运动装、皮质衣物、鞋子、行李箱和眼镜框等物件。他参与制作的产品一经推出便大受好评，业界反响与市场口碑双线飘红。

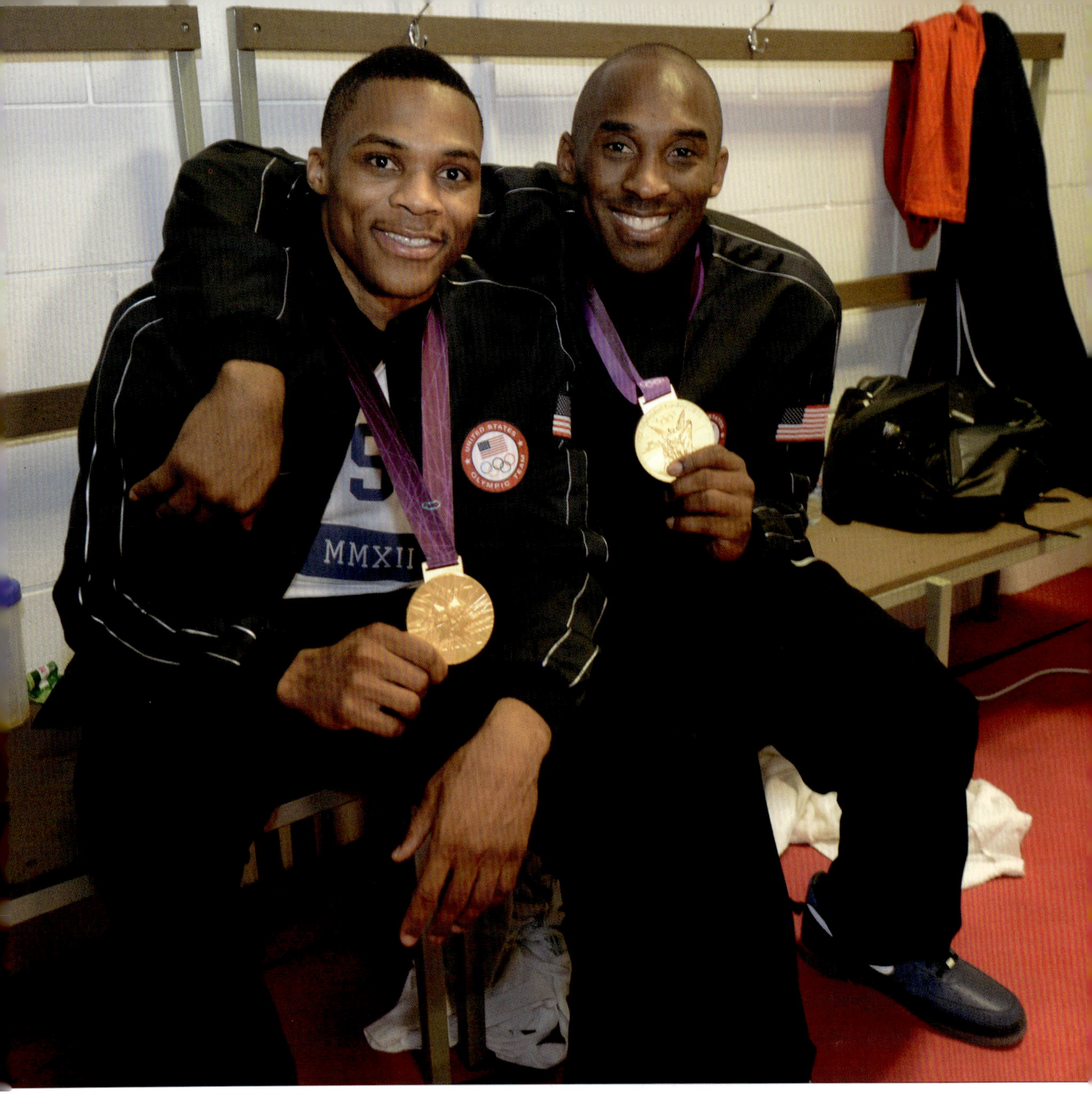

18 视角

奥运金牌

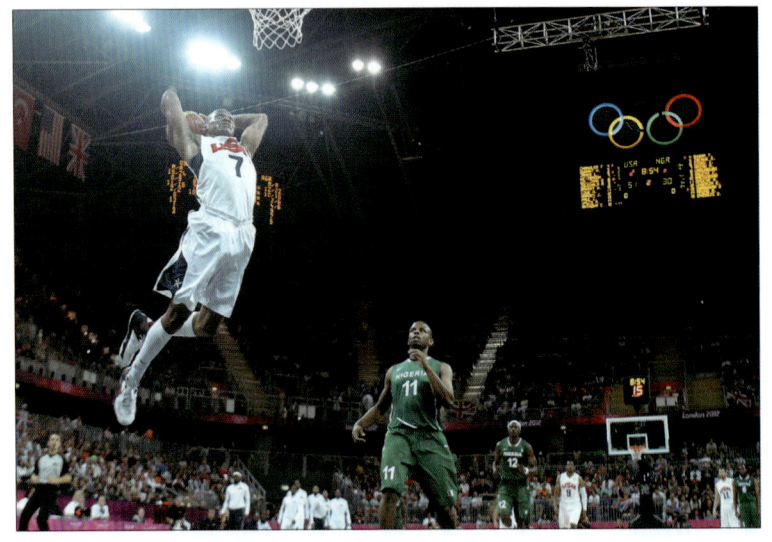

2012 年伦敦奥运会，威斯布鲁克随队豪取八连胜，成功卫冕男篮冠军。

虽是首次征战奥运，但威少毫不怯场，频频送出上佳表现。首秀对阵法国，砍下 9 分 4 个篮板 3 次助攻。第三战面对尼日利亚，威少仅出场 14 分钟便砍下 21 分且有 2 次助攻 3 次抢断，三分球 4 投全中，效率惊人。半决赛对战阿根廷，他上演霸气骑扣，技惊四座。

19 视角

续约俄城

2016年8月4日，雷霆正式与威斯布鲁克完成续约，三年约8570万美元留守俄克拉荷马城，合同结束期为2019年（2018年可以跳出合同选项）。与此同时，俄城市长考内特宣布把该日定为俄城的"拉塞尔·威斯布鲁克日"，以表彰威少对俄克拉荷马城的影响力，以及他在球场上的杰出表现。

就在一个月前，杜兰特宣布离开雷霆队并转投勇士，一个月后的今天，威少决定留在雷霆。这足以显示出他对这支球队和这座城市的忠诚和热爱。

威斯布鲁克生涯薪金一览

赛季	球队	薪金（美元）
2008/2009	雷霆	349万
2009/2010	雷霆	376万
2010/2011	雷霆	402万
2011/2012	雷霆	508万
2012/2013	雷霆	1367万
2013/2014	雷霆	1469万
2014/2015	雷霆	1572万
2015/2016	雷霆	1674万
2016/2017	雷霆	2654万
2017/2018	雷霆	2853万
2018/2019	雷霆	3067万
总计		16291万

2016年,随着科比、邓肯的退役,韦德、杜兰特、罗斯的离去,我们突然意识到:在现今的NBA中,一个人、一座城,终老一生,是多么的弥足珍贵。

能作为旗帜式的人物来镇守孤城,如今屈指可数,他们是旷世无双的城市图腾,也是让忠诚落地的鲜活例证。

20视角

独守孤城

威斯布鲁克在俄城这个只有50万人口的小城市待了八年了。2011年之后,他的急停跳投有了质变,同时大局观开始稳步建立。直至刚刚过去的2015/2016赛季,他已经是这个星球上最强大的两个控卫之一了,请注意,他是真正的控卫了。他扭曲空间般的直线爆发力丝毫不减,但却已经学会了思考。

过去六年,他们打进了一次总决赛,四次打到西部决赛。这成绩当然很出色,但无疑对不起他们的天分。奥拉迪波为核心的交易,看起来很有诚意,但同时失去了伊巴卡,账面实力未必增加不说,一不小心反而要下降。

正当巅峰的年龄、惊天动地的状态、一地鸡毛的球队——嗯,这是多好的巨星出走的固定前奏啊!但威少不是勒布朗·詹姆斯,他没有对绯闻和流言推波助澜并享受全世界的猜测的癖好,一如他在球场上,直来直去,一招而决!所以事情很快就有了结果,他提前续约,留下了。至于迎接他的未来会是什么样,这一刻已经不重要了。因为在NBA,我们似乎已经很久没有看到过如此干脆、坚决,如此爷们儿,如此霸气的举动了!

独抗群雄

威斯布鲁克生涯十大对手

接下来的时光，雷霆缺少了杜兰特与伊巴卡，威斯布鲁克单刀匹马，率领残阵，在如狼似虎的西部诸强中，要杀出一条血路。

单刀独骑，呼啸往来冲杀，威斯布鲁克如入无人之境，畅快淋漓。他攻防两端无处不在，他比杜兰特更加坚决果断，一往无前。

纵横捭阖，独抗群雄，虽然孤立无援，双拳难敌四手，但人们依然会记得威少的勇猛和果决——一个勇冠三军的将才，并且可以像统帅那样运转战术、盘活队友，率领球队赢得胜利。

01
威少PK保罗
WESTBROOK PK CHRIS PAUL

在传统一号位的范畴内,保罗简直就像记忆里的初恋情人一样,不会有比他更完美的存在:他的突破、投篮准头、传球、节奏控制,乃至防守(以他这个身高而言),全都无懈可击。

2008年年初,保罗用16场比赛送出215次助攻,同年4月,他从纳什这个大师级组织后卫手中,接过了"助攻王"的荣誉。他以23岁的年纪,完成场均20+10的赛季,手握"助攻王"和"抢断王"两个头衔,向着人生中第一座MVP奖杯发足狂奔。然后是2008/2009赛季,他蝉联了助攻、抢断双料王。

那时的保罗,聪慧灵秀,少年老成,可以轻易攫取全世界的宠爱。韦德直言"保罗就像芬芳的花朵",詹姆斯则是"人人都爱CP3"的典型代表。很多人喜欢说保罗是伟大的创造者,但保罗何尝不是伟大的决断者。人群中随心所欲的控球游弋是他的招牌,但绝不等于他粘球。

2009/2010赛季,严重的伤病毁灭了保罗和他的黄蜂。等他在2011年季后赛面对湖人时,他的跳投覆盖范围和精确度已经发生了质变,那个系列赛让他重新征服了世界,拿回了被德隆短暂窃取的控卫王座。用科比的话说:"我们什么都没有做,只是他自己累了。"

换言之,威斯布鲁克时至今日才算是抵达了保罗当年的境界,成为MVP最热门的人选,也成为一个时代最出色三个球员之一。当然,他们的方式不一样,灵巧与刚猛,泾渭分明。当他们面对面时,保罗也许无法阻挡威少起飞,但在整个控卫层面上,保罗手握三个"助攻王",五个"抢断王",已然是一个十年里无可置疑的第一控卫,但到了历史的高度,威少依然在扮演一个追赶者,甚至超越者。

由于杜兰特的离去,威少必然会在2016/2017赛季爆发出更大的能量,我们共同期待不远的将来,独守的威少会交出怎样一份疯狂的答卷。

03 威少PK帕克
WESTBROOK PK TONY PARKER

帕克是罕见的个人与团队同时取得巨大成功的突击型一号位。25岁时，帕克已经有了三枚总冠军戒指，并成为史上第一个欧洲籍总决赛MVP。但是世界已经习惯这么琢磨：伟大控卫？嗯，老有纳什、基德，中有保罗、德隆，少有罗斯、威少，帕克？是个好后卫啊，但总觉得不够明星范儿。

帕克是这个星球上最好的突破上篮手之一，被低估的单防能手，被低估的团队成员，有四枚戒指在手。

运球、击地传球、上篮、中远投、长传，这家伙好像没什么技艺有瑕疵。实际上，如果你从2003年开始统计，帕克从一个上篮王到如今的中投王，其投篮能力提升之大，近古罕见——只有詹姆斯在2008—2012年这四年间的投篮进步可与之相比。

2013年9月，法国队击败立陶宛队拿下欧洲杯冠军，帕克正式加冕欧罗巴之王。换言之，他已经成了现役最优秀的国际球员之一。

2014年西部决赛，威少大战四方，马刺六场晋级。而在领教了帕克和马刺的篮球哲学后，威少终于顿悟。2016年西部半决赛，雷霆以4比2淘汰马刺，以彼之道还施彼身。

当然对包括威少在内的后进控卫们而言，如果说保罗意味着现役一号位的个人顶袖，那么帕克就代表着团队顶峰，在荣誉方面，"法国跑车"将会是威少一直追赶的对象。

02 威少PK库里
WESTBROOK PK STEPHEN CURRY

斯蒂芬·库里，一个重新定义了三分球的男人。如果说雷·阿伦是在举枪摆出明确造型后打移动靶，那么库里简直就是你连他枪怎么举起来都没看清，子弹已经射出去了，而且打的也是移动靶，但问题是，他就是能打中，还没有射击死角。上帝没有给他强壮的身躯，但却给了他无比灵敏的感觉，再加上他动作的娴熟程度，于是终于随心所欲，几乎可以将一切动作无比顺畅地连接到投篮。

飞花摘叶，皆可伤人！当人们因为库里的神射而关注他时，他已经在另外一个境界了。近两个赛季，专门为他设计的三分战术少了，因为他可以随时利用自己出色的无球跑位，接球就投。同时，让更多的人参与了进攻端的创造。他如丝般顺滑的手感无处不在，持球的招式则越发简洁明确：绕掩护或晃动后三分球，突破急停跳投，切入禁区找擦板或者抛投，左手运球撤步投篮，如果被阻止，就顺势继续突进，变成一次骑马射箭。昔日的天下第一射手库里，现已进化成一位超级得分手和豪强的领袖。

威少和库里几乎同时崛起江湖，在这个控卫横行的时代，他们是得分型一号位最优秀的两位代言人。2016年雷霆与勇士频繁遭遇，威少和库里也有了直接对话的机会，二人可谓不分伯仲，既有库里天外飞仙般绝杀雷霆的高光瞬间，也有威少庖丁解牛式肢解勇士的三双神迹……西部决赛七场旷世大战，库里赢得了结局，威少赢得了声誉。

随着杜兰特转投金州，雷霆和勇士的梁子陡然加深，那么作为两支球队领袖的库里和威少之间的对决将再度升级，联盟中最炙手可热的两位控卫的决战也许才刚刚开始。

06 威少PK哈登
WESTBROOK PK JAMES HARDEN

哈登和威斯布鲁克可谓是恩怨情仇齐全，如今为了MVP而针锋相对、寸步不让的两位顶尖巨星，曾经却是并肩作战的兄弟。

2011年西部决赛第五场，雷霆被逆转出局。但哈登全部的能力得到了展现：客串组织后卫，布置队友，在必要的时候投篮，在大部分时间都能很好地促进队友的发挥。威斯布鲁克尝试接管进攻端，得到31分和4个进攻篮板。同时哈登以11投7中拿到了23分外加5个篮板和6次助攻。这两个年轻人的组合让小牛队没有了解决办法。尽管最后输掉了，但仅仅是一场比赛。哈登作为组织者与威斯布鲁克的组合给球迷们展示了一个新的杀伤力来临的预兆。然后便是2012年壮丽的总决赛之旅。哈登成为雷霆的最佳第六人，而威少也终于向世界展示了他的恐怖能量。之后他们就成了对手，再次相遇时，不是由威少送给哈登一堆"火锅"，就是哈登回敬一个46分。

2014/2015赛季最后一次对局，他们互飙了一次40+。原因无它，哈登和威斯布鲁克不仅是常规赛MVP的竞争对手，同时也正在为各自职业生涯中的第一尊"得分王"奋战。哈登在76场比赛中拿下了2104分，平均每场得分为27.684；威少在62场比赛中拿下了1715分，平均每场比赛得分为27.661分。连小数点后三位的数字也是要计较一下的。值得庆幸的是，他们分开之后各自取得了档次性的进步，无论是他们的个人招式还是江湖地位：哈登成为火箭的领袖和联盟头号得分后卫；威少则已被列入联盟最佳球员的讨论。

04 威少PK欧文
WESTBROOK PK KYRIE IRVING

欧文的控球和投篮太过早熟，以至于世界一激动就让不到20岁的他成了状元，尽管他缺乏状元应有的超卓天赋，但他可以让一次进攻呈现出无数可能。毫无疑问，凯里·欧文是这个浮躁时代中的又一个异类。他早早地具备了控卫这个位置上的一切技艺。他闻所未闻地将罗斯那种攻击篮下的爆炸力同保罗那般的投篮能力集于一身。

在新秀赛季，欧文的三分球命中率就达到了41%，投篮点遍布半场。他的左右手均衡而娴熟，投篮精准且花样百出，他的切入手感和近筐感觉有如神助。他的过人动作似乎融合了所有控球大师的特色，做出来的动作却是凯里·欧文的。

这让他成为继承艾弗森衣钵的一号位，在2014/2015赛季，联盟一共上演了8次50+得分，欧文独占两次，还是最高的两次，一次55分，一次57分。过去几个赛季，他为NBA的十佳球作出了重大贡献。在个人表演方面，他几乎无可指摘，尤其是花式齐全的带球转身，堪称集厄尔·门罗之后一切控球高手之大成。欧文入行以后，许多人疑惑，这家伙究竟是不是控卫？每场20分，然后6次助攻？这种疑惑一出来，更极端的声音都有了——亲自控球的得分后卫！

随着欧文在2016年总决赛第七场投中那个一锤定音的绝命三分，欧文这位寂寞了数年的绝世舞者终于从江湖登上庙堂，昂首迈入超级巨星的行列。如同威少那样，一面备受争议，一面以一己之力带走胜利。

05 威少PK韦德
WESTBROOK PK DWYANE WADE

2012年奥运会，美国男篮完成换血，科比如此评价："我认为威斯布鲁克顶替了韦德的角色，他能持球直刺篮下，也能全场紧逼防守。韦德给这支球队带来的一大优势便是贡献抢断，创造许多快攻的机会，威斯布鲁克在这方面同样很拿手。"

出道伊始，威少被公认为"闪电侠"之后最劲爆的后卫球员，坊间总是拿他们进行比较。然而韦德并不认为威少是自己的年轻版："一点也不，在他身上我没有看到半点我的影子，我们是完全不同的球员。对任何后卫来说，防守威斯布鲁克简直是噩梦。他有无与伦比的运动能力，他的速度太快了，他的身体棒极了。"

2012年总决赛，韦德给威斯布鲁克好好上了一课，某种程度上他们的境遇有些相似，各自球队的头号球星都是这个时代最好的前锋，自己只能担任二当家的角色。仅以能力而言，威斯布鲁克似乎已经接近甚至超过了当时的韦德，然而在与队友配合方面，"闪电侠"似乎更有心得。韦德与奥尼尔、詹姆斯合作拿到三个冠军，他曾经刺痛威斯布鲁克的神经，但无论如何"闪电侠"是威少最好的榜样之一。

07 威少PK科比
WESTBROOK PK KOBE BRYANT

2012年，科比公开表示，威斯布鲁克是每场比赛都要争取赢球的胜利狂，整个联盟里和他最为接近。科比说："他带着愤怒打球，这非常罕见。"

2010年季后赛，雷霆与湖人狭路相逢。第五场比赛，科比向"禅师"主动请缨，对位防守威斯布鲁克。在"黑曼巴"的"照顾"下，威少表现失常，只得到15分，失误多达8次，对他而言，能得到科比的主动盯防，已是一种难得的肯定。两年之后威少与科比再度于季后赛遭遇，这一次他成了赢家。

威斯布鲁克的打法和进攻欲望与年轻时的科比并无二致，如今他的剧本宛若2005年的科比：独自一人扛起球队，苦苦追寻一张季后赛的门票，拿到惊世骇俗的数据，却饱受非议。

雷霆负于步行者的比赛中，威斯布鲁克全场43投21中，媒体批评他出手太多，科比在推特上力挺威少："够了，54分、9个篮板、8次助攻，命中率49%，所有人关注的却是43次出手。"威斯布鲁克会不会成为像科比那样荣耀满身的巨星？时间会给出答案，唯一肯定的是，在没有杜兰特的日子里，他依然会像科比一样打球。

08 威少PK利拉德
WESTBROOK PK LILLARD

保罗、德隆这两个曾经的控卫双子星，一个还在苦苦追寻冠军，一个因伤病下滑迅速，两人都没能达到期望的高度。在他们逐渐老去的同时，新生代控卫群已经抢尽风头，威少、库里、利拉德、欧文等人大放异彩，隐隐有抢班夺权的势头。

2014/2015赛季，杜兰特频繁养伤，威少独自一人扛着伤兵满营的雷霆前进，彼时他如疾风烈马，势不可挡，他个人凭借着天赋异禀的强横攻击力，横冲直撞。

全联盟很少有一个控卫可以正面掩其锋芒，他强横无理的风格重新定义了控卫的概念，从2008年进入联盟以来，威少一次次地刷新着控卫的极限，肆无忌惮的轰炸篮筐、超凡劲爆的身体素质、我行我素的行事风格，使他集万千宠爱与一身，科比曾不止一次表示："联盟中最像我的是威斯布鲁克，因为他总是带着愤怒在打球。"但另一方面他莽撞、容易失控的举动却受到各方指责，"不称职的控卫"之声从来没有停止过。他是专家眼中的控卫的反面教材，但显然威少对此嗤之以鼻。

2012年利拉德以首轮第六顺位被开拓者摘走，被伤病乌云笼罩的波特兰急需一个英雄救世主，利拉德完美降临。成熟稳定是他的标签，他是传统控卫的代表，一颗冉冉升起的新星。赛季最佳新秀、新秀最佳一阵、全明星纷至沓来。利拉德在球场上的表现彰显了一支球队真正控卫的最佳模板。

2014年12月24日，联盟中两个才华横溢的0号相遇，上演了一场巅峰对决，如火星撞地球般绚丽多彩，威少的狂野、嚣张，利拉德的低调、冷血，堪称一场绝对的龙争虎斗。威少大杀四方地砍下40分10个篮板6次助攻，利拉德还以40分6个篮板11次助攻，并在比赛最后时刻送上一记绝命三分。

他们二人是自阿里纳斯归隐江湖之后，联盟中再一次出现得如此霸道的0号，而且是捉对厮杀。

09 威少PK沃尔
WESTBROOK PK JOHN WALL

2011年，《ESPN杂志》专栏作家克里斯·帕尔默从弹跳力、速度、反应速率、力量和平衡感这五个方面，对联盟的新生代后卫进行了打分，最终得出结论：罗斯是身体素质最出众的控卫，而威斯布鲁克和沃尔几乎难分高下。

毫无疑问，威斯布鲁克和沃尔都是当今NBA速度最快的控卫，他们的集锦充斥着风驰电掣的戏码。那么，他们到底谁更快一点？与威少和沃尔都做过队友的埃里克·梅诺表示，他们都很快，速度不相上下。沃尔自认为是联盟最快的球员："威斯布鲁克是其中一个，还有健康的罗斯，康利的速度也很惊人，别忘了还有泰·劳森，但我把自己放在首位。"

虽然同为速度流，但两人仍有差别。相对而言沃尔更擅长在反击中发挥速度优势，长途奔袭是他的强项，而威少的速度几乎没有死角，他可以在任意时段、任意地点突然启动，即使在阵地战中他也可以凭借强大的爆发力瞬间甩开对手，对内线的杀伤力则让沃尔望尘莫及。威斯布鲁克和沃尔既是对手，也代表了新生代控卫的潮流，他们之间的竞速，就是NBA版本的《速度与激情》。

10 威少PK洛瑞
WESTBROOK PK KYLE LOWRY

凯文·马丁如此评论洛瑞和威斯布鲁克："他们俩都是爆炸性十足的小个子球员。"从技术风格上看，两人是截然不同的。威少飞天遁地，突破都带着马达的轰鸣声，是控卫中罕见的飞人系，2015/2016赛季他的扣篮超过了40次。而洛瑞是踏踏实实的地板流，他几乎从不肆虐篮筐，上一次灌篮还要追溯到2008年。

不扣篮的NBA球员也许跟21世纪还没用过智能手机的原始人一样罕见，根据统计2013/2014赛季只有15%的NBA球员没有扣篮，而洛瑞是这个群族中的得分王，整个赛季他砍下1565分。除了洛瑞之外，过去十年里这个头衔被迈克·毕比、纳什和帕克瓜分。

如果将篮球比赛变成一对一游戏，威斯布鲁克会毫无悬念地打爆洛瑞，然而篮球毕竟是一项团队运动。猛龙当家控卫没有劲爆的身体，没有出众的身高，依然跻身全明星，足以说明问题。某种程度上，洛瑞既是威少的反义词，也是他的一面镜子。如何用更合理的方式打球，率领球队前进？威斯布鲁克在洛瑞身上也许可以找到答案。

Russell Westbrook
与威少同行
威斯布鲁克的4大亲友

01 威少 & 布鲁克斯
WESTBROOK & SCOTT BROOKS

2008年,威斯布鲁克进入NBA,开始自己职业球员的道路。同年,布鲁克斯拿起雷霆的教鞭,开启自己主教练的生涯。对于威少和布鲁克斯来说,他们的处子赛季都不甚理想。但他们没有一蹶不振,他们一起经历失败,在挫折中成长。现如今,威少已成为联盟顶级控卫,而布鲁克斯亦荣膺年度最佳教练。

常言道:"千里马常有,而伯乐不常有!"众所周知,威少因球风问题饱受质疑,甚至遭遇口诛笔伐。除了杜兰特之外,布鲁克斯是威少最坚强的后盾。他回击那些质疑威少的人:"他是我的控卫,不是别人的。不必在乎他人的评价,我喜欢他身上的品质,他永不放弃比赛的精神。"

02 威少 & 乐福
WESTBROOK & KEVIN LOVE

众所周知,威斯布鲁克与凯文·乐福是非常要好的朋友。两人都来自UCLA(加利福尼亚大学洛杉矶分校),他们一起参加了2008年的选秀,一个是第四顺位,一个是第五顺位。威少虽然在场上球风劲爆,但在场下却内敛安静,只对相熟的人才会敞开心扉。而乐福同样如此,早在森林狼时,乐福就曾公开表示"威少是他最好的朋友"。

2014/2015赛季,乐福接受ESPN(娱乐与体育节目电视网)采访时表示:"我会把本赛季的常规赛MVP支持票投给威斯布鲁克,而不是队友詹姆斯。"转投骑士后乐福表现出种种不适应,但在2016年幸运地夺得总冠军,先于威少登上荣耀巅峰。

值得一提的是,两人很早就想一起联手在联盟闯出一片天下,也许未来,这对昔日的UCLA校友将会联手征战NBA赛场。

04 威少 & 妻子
WESTBROOK & NINA EARL

威斯布鲁克的妻子名叫妮娜·厄尔,在威少进入NBA之前他们就已经交往,恋爱多年感情一直很稳定。两人年龄相同,而且都是洛杉矶人,大学都曾在UCLA就读,身高1.85米的妮娜曾是UCLA女篮校队的主力成员,目前她暂时告别篮球,主攻心理学硕士学位。

两人从校园时代起就十分恩爱。2013年夏天,威少出席了妮娜的本科毕业典礼,两人十分甜蜜。

有情人终成眷属,两人的爱情修成正果。2015年8月29日,威斯布鲁克与妮娜在洛杉矶的贝弗利山庄举办婚礼。2015年9月8日,威少偕爱妻远赴希腊米克诺斯岛,夫妇二人泛舟爱琴海,寄情山水间。

03 威少 & 弟弟
WESTBROOK & RAYNARD

"我必须确保自己所做的都是对的,这样雷纳德才能清楚做什么。"这是威少面对ESPN采访时所说的话。

雷纳德·威斯布鲁克是威少的弟弟,他们相差两岁,从小到大,他们都是彼此的玩伴,他们很亲近,很喜欢生活在一起。

但是在他们小的时候,如果弟弟告状的话,两人甚至会发生冲突。过去两人不听母亲的劝诫,常常在屋子里打篮球,有一次弟弟打碎了一个花瓶,却向妈妈告状是哥哥打碎的,以至于威少被母亲责备。

现在,雷纳德同哥哥住在俄克拉荷马市。他们相处得很好,彼此熟悉对方的脾气秉性。弟弟是威少的忠实粉丝,有一次威少在比赛中被教练换下场,年轻气盛的弟弟还曾在Twitter(推特)上表达了对教练的不满。

战靴赏鉴
Russell Westbrook
AIR JORDAN XXXI
乔丹第 31 代战靴解析

千呼万唤始出来,Air Jordan XXXI 终于在 2016 年 7 月 21 日揭开了神秘的面纱。同时正代球鞋依然以威少为主力代言人,能作为 AJ 正代的代言人是对球员的一种肯定。

设计灵感：Air Jordan I

以 Air Jordan I 为最初的设计灵感，辅以最新的 Flyweave 编织技术与皮质鞋面相融合，优化的全掌 Zoom Air 搭配 Flightspeed 技术，提供了出色的舒适性及反馈性，使之成为一双最为强悍的篮球鞋。

"在 Air Jordan XXXI 的筹备会上，乔丹本人给予了我很重要的创作灵感。"设计师泰特·库尔比斯（Tate Kuerbis）回忆道。会议上乔丹提出："我们已经做了许多伟大的球鞋，为何这次不从零开始，让我们来审视一下所有的经典元素，把他们融合到一起，使之成为一款具有传承意义的高性能球鞋。"

设计创新：Flyweave 编织技术与皮质鞋面相融合

我们可以发现，这款鞋史无前例地将 Flyweave 编织技术与皮质鞋面结合，并融入了众多具有标志性的乔丹品牌元素。鞋面重新采用 Air Jordan Wings 和一个巧妙隐现的耐克 Swoosh（意为"嗖的一声"）标志。这种搭配自 Air Jordan I 后再未出现过。Jumpman、Wings 和 Swoosh 三个标识更是第一次同时出现在鞋面上。这不光是一个极具颠覆性的创意，更兼顾前掌的灵活性与后跟的稳定性。整体过渡自然，给人一种天衣无缝的感觉。

设计理念："禁穿"事件

Air Jordan XXXI 的黑红首发配色，鞋舌内部的"X"以及外底映出的黑色"BANNED"文字将向"禁穿"这一知名事件致敬。挑战是乔丹取得成功的根本。但他总是能突破困阻，带来出人意料的表现。在这个过程中，他重新定义了篮球运动与时尚的关系。

Air Jordan XXXI "BANNED"将于 2016 年 9 月 3 日在全球指定零售店以及 Jordan.com 网站发售。稍后还有更多配色发布，敬请期待。

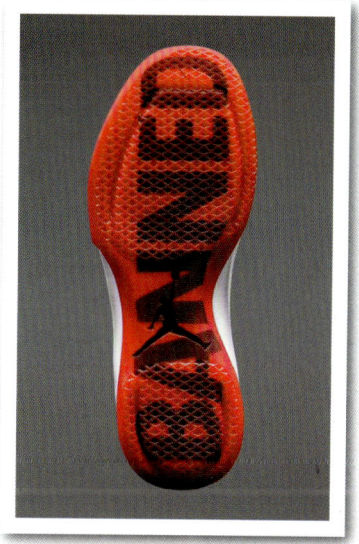

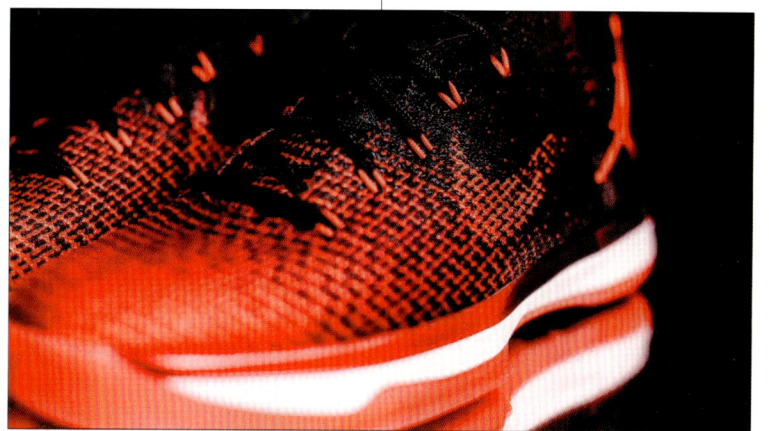

威少历代战靴赏析
Russell Westbrook Air Jordan

Air Jordan Westbrook 0

2015年，Jordan Brand为威斯布鲁克量身打造他的个人第一款签名战靴，命名为Jordan Westbrook 0。Jordan Westbrook 0以0为编号，既是威少的球衣背号，也代表了从无开始的新起点，寓意丰富。

Air Jordan XX8 Why Not

2015/2016赛季，西部半决赛雷霆主场迎战马刺。那场比赛威少没有穿Jordan Brand专门为其季后赛打造的最新款AJ30战靴，也没有穿上一代战靴，而是略为怀旧地穿上了前两代的AJ28。威少穿着的这个版本也是专门为他打造的"Why Not"版本。"Why Not"也一直是威少的励志金句，这个元素在他的第一代签名鞋Westbrook 0上也有体现。

Air Jordan XX9

Air Jordan XX9采用全新的Flight Plate，以及首次运用的高性能编织鞋面，此外Air Jordan XX9的中底和大底分别采用3D打印技术制作，也延续传统Air Jordan的裂纹图案。

首先Air Jordan XX9流淌着贵族血液，也许现在与"前辈"而言似乎在身价上还是有着一些差距，但无论是在东方还是西方，在某些人眼里，血脉纯正是身价的一种体现。

Air Jordan XX9 全明星

2015年的全明星赛上，威少砍下41分，率领西部队战胜东部队，荣膺AMVP。他当晚穿着AJ29全明星PE（球员版），与众不同的是，鞋身中后部以及鞋舌有红色的飞人标志。在全明星赛上亮相的Jordan Brand战靴，共有4双，都是专为球员打造的PE，采用清爽的珍珠风格呈现，细节则采用宝石红点缀，看得出来AJ29也是里面最显眼的。

依然强劲的科技配置，革命性的Flight Web编织鞋面，构成了备受瞩目的AJ29。鞋面几乎没有多余的装饰，完完全全由编织材质构成，也就为无数的配色和图案装饰增加了可能性。

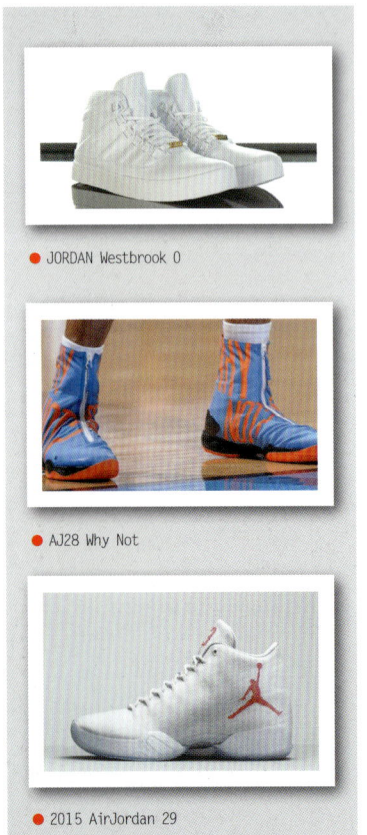

- JORDAN Westbrook 0
- AJ28 Why Not
- 2015 AirJordan 29

Air Jordan XXX "Galaxy" PE

Air Jordan XXX 的每一个元素均源自于运动员以及乔丹品牌能够不断取得进步的根本：提升实战性能的洞察力以及设计灵感。代表数字"30"的"XXX"在鞋身的图案上具化成一张篮网，鞋面上的星星象征着运动员超脱尘世的才能，围绕乔丹宇宙旋转的行星——爆裂纹或碳化纤维，则与乔丹品牌此前球鞋款式的创新相关联，它源自于不朽的传奇，并着眼于未来。

Air Jordan XXX "Galaxy" PE

2016年在多伦多举办的NBA全明星赛上，Jordan Brand 正式推出了为那届比赛推出的全明星配色战靴，其中 Air Jordan XXX "Galaxy" PE 无疑是其中的佼佼者！鞋面以星空形式呈现，多色的大底，为我们带来了宇宙的感觉。鞋舌上的威少 Logo，标明了其主人身份。

Air Jordan XXX PE

2016年2月28日，常规赛雷霆对阵勇士，作为 Air Jordan XXX 的主推手，威少在那天的比赛中就穿上了全新配色的战靴。他脚上的那双 Air Jordan XXX PE 以雷霆标志性的橙色打造，白色鞋身以深色的鞋头、鞋舌和后跟呈现，橙色的反差点缀则成为视觉主线，带来抢眼的雷霆效果，鞋舌依然带有威少 Logo。

2016 Air Jordan XXX PE

2016年3月10日，常规赛雷霆对阵快船的比赛中，威少拿下变态的三双数据，这也是他在2015/2016赛季第11次取得三双。在比赛中威少穿上了一款全新的 XXX PE 配色。以黑色鞋身搭配了蓝色的鞋头，鞋舌上依然带有个人Logo。

Air Jordan XXX PE 季后赛

2015/2016赛季，雷霆同小牛的季后赛首轮对阵还在火热进行中，Jordan Brand 也为威少量身打造了两款不同配色的 Air Jordan XXX PE，以配合季后赛。其中一款以少见的纯白色呈现，中底则以银色装饰，整体以极为亮眼的光亮感受，带来突出的视觉冲击力。鞋舌带有威少个人 Logo，鞋垫上的

● Air Jordan XXX

● Air Jordan XXX Cosmos PE

● Air Jordan XXX "Galaxy" PE

● Air Jordan XXX PE

● Air Jordan XXX PE "Cosmos"

● Air Jordan XXX PE 季后赛

"Dangeruss"则在提示对手，威少在赛场上的危险本质。

另外一款则以雷霆队装扮打造，蓝色鞋身以橙色的后跟装饰搭配，OKC（雷霆队英文缩写）客场配色辨识度极高。

Air Jordan XXX OKC Cosmos PE

2015/2016赛季，季后赛首轮雷霆对阵小牛，又一款 Cosmos 银河配色的 Air Jordan XXX 亮相！此番出现在威少脚上的这双 Air Jordan XXX OKC Cosmos PE，以橙红色的绚烂星空图纹呈现，黑色鞋舌上有蓝色的威少个人Logo，显然是一双威少专属的精品鞋款。既有银河纹理的惊艳装扮，又以橙色和蓝色搭配凸显雷霆氛围，成为球鞋收藏玩家极力追逐的热品！

Air Jordan XXX PE "Cosmos"

2015/2016赛季，晋级西部决赛的雷霆取得了第一场的胜利，而 Air Jordan XXX 也作为威少战靴在赛场上带来抢眼的表现。这双雷霆配色的 Air Jordan XXX PE "Cosmos" 以极为惊艳的银河主题呈现，蓝橙的主色调之下，鞋舌的威少个人 LOGO 表明了它的身份。璀璨的鞋面星空纹理自然是整体的最大亮点。

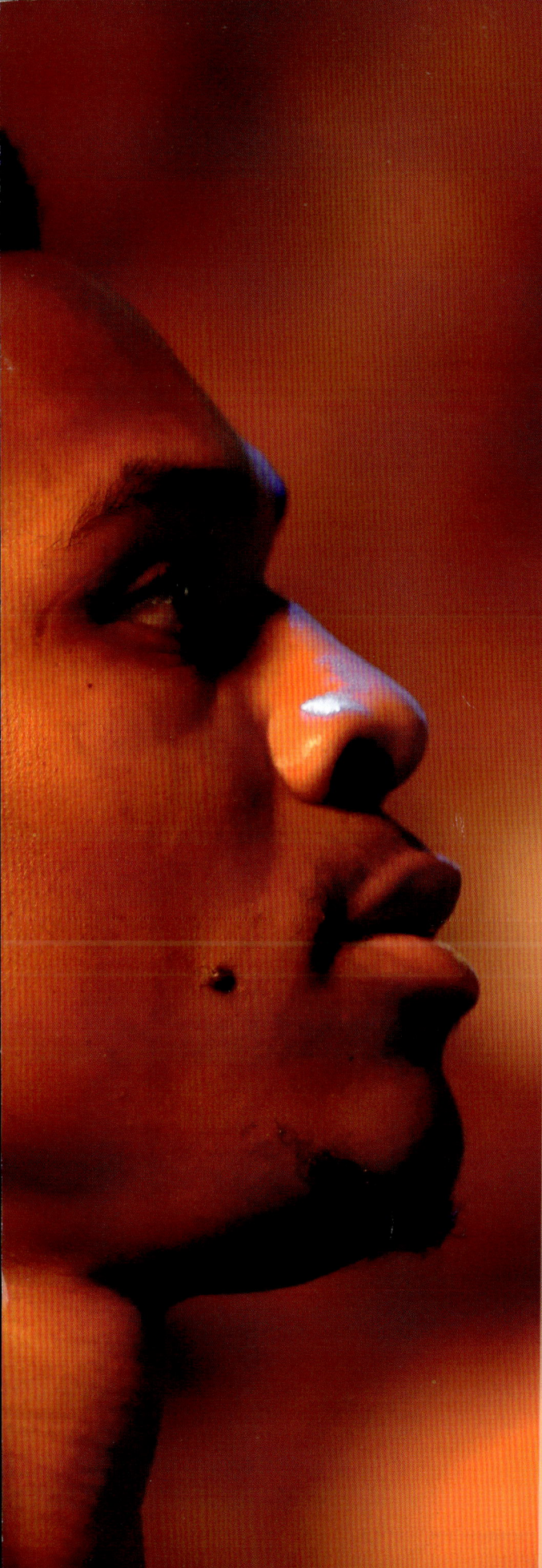

我就是我

威斯布鲁克生涯特别传略

我就是我，是颜色不一样的烟火。任你流言漫天，我自岿然不动。世间球员中，唯有威少率性而为，无拘无束。在他眼中对手不是对手，而是猎物，比赛没有胜负，只有生死！每一战杀得昏天黑地，只求快意恩仇！

作为拥有最劲爆体魄的控卫，威少不会按部就班在场上完成比赛，NBA在别人眼中是一份工作，对于他而言就是殊死的搏杀。他是科比眼中最爱的新生代球星，因为他们如出一辙，对于胜负偏执任性，对于比赛死战不休。

威少的个人天赋在控卫中超越时代，一以贯之的铁骑突出、冲锋陷阵，没有人能够让他慢下脚步。

我就是我／威斯布鲁克生涯特别传略

孩提时代
Russell Westbrook

一个在进入高中时还只有1.75米，不受人待见的小屁孩，最终在2010年的季后赛中，逼得科比不得不亲自去防守他。这个叫拉塞尔·威斯布鲁克的家伙一直都相信凭借自己的努力成为NO.1才是最可取的，所以即便已经是雷霆核心之一，但威少仍然秉承自己的做法，低调、刻苦才是他的取胜之匙。

1988年11月12日，威斯布鲁克出生，孩童时期他几乎花费了所有的时间投身篮球，在他父亲——一个在罗斯·斯奈特公园沉迷于野球的老拉塞尔训练下，七岁的小拉塞尔经常伴随着动感的音乐步入球场，在场边跟着音乐练习一招一式。老拉塞尔注意到了儿子的兴趣，成年累月地训练他，并教给他自己发明或者自己臆想的那些与"魔术师"约翰逊有关的战术。

中学时代的威少在篮球世界里只是一个路人甲，一如当年狂追《射雕英雄传》的观众们不会注意，饰演大头兵的就是日后大红大紫的星爷。威斯布鲁克出生于洛杉矶中南部的康普顿，这是一座足以还原《侠盗猎车》场景的危险城市。老威斯布鲁克因为沾染毒品被指控入狱，目睹好友被枪杀后决定洗心革面。为了避免儿子重蹈覆辙，他让威斯布鲁克栖身篮球场，因为那里是康普顿最安全的地方，这是一个改变威少命运的决定。

威斯布鲁克有这么一个习惯，他每次登场都会戴两个腕带。他的蓝色腕带上用橙色字体印着"KB3"（威斯布鲁克好友凯尔西·巴尔斯的英文名字缩写），在橙色的腕带上面印着蓝色字体的"Why Not？（为什么不？）"。有些时候颜色偶尔会有对换，但不变的总是这句话，"Why Not？"这是他回答所有人质疑时最常用的一句话。当他第一次站在大学球场上时，当他用一次扣篮吸引人们的目光时，就已被证明会走上这么一条路。但是当雷霆出乎意料的用第四顺位选择他的时候，长枪短炮却对准了他，他说："Why Not？"

少年烦恼
Russell Westbrook

"他太矮了,他依靠身体打球,球商很高,球风很强硬,但是他还是太矮了。"这是威斯布鲁克在念卢金格高中(Leuzinger High School)时的队友多雷尔·赖特说的。赖特的话一针见血,这也是威少当时场均能拿25.1分8.7个篮板却连高中生排名前100都没进的原因。他那年在榜单上来来回回找了好几遍自己的名字,执着的威少认为榜单的第115位肯定写错名字了,那个叫Lawrence Westbrook的家伙本来应该是Russell的。那种感觉和高考查分数一样,苦读了三年,最后竟然没能考上自己理想的大学。威少对这种努力打球却看不到未来的感觉更多是不好受的,那心碎得跟饺子馅儿似的。

"高中那会儿没被更多的人发现挺令人沮丧的,我能干的就是继续打球。"你没法责怪那些专家们为什么找不出威斯布鲁克来,但当杰拉德·格林也能成为年度最佳高中生的时候,一切也就自然而然地被理解。而那年的榜单第二位的人,他的名字叫凯文·杜兰特。

2005年,杜兰特已经成为高中篮球界的超级明星,在那份榜单中雄踞榜首的就是威斯布鲁克的高中队友兼死党凯尔西·巴尔斯。彼时巴尔斯赢得了全美名校的关注,威少希望能和小伙伴在大学并肩作战,但事与愿违,当时只有马力蒙特、克莱顿以及科特州立等几所小学校在默默关注他,斯坦福的主教练特伦特·约翰逊当时给他的建议是改练田径。

好吧,也许我们对威斯布鲁克的小时候了解得不多。你也许不知道他的父亲为什么让他打球,答案仅仅因为这座城市只有球场是安全的,他的父亲看着他的朋友被枪击后这样的想法变得更加强烈;你也许不知道威斯布鲁克

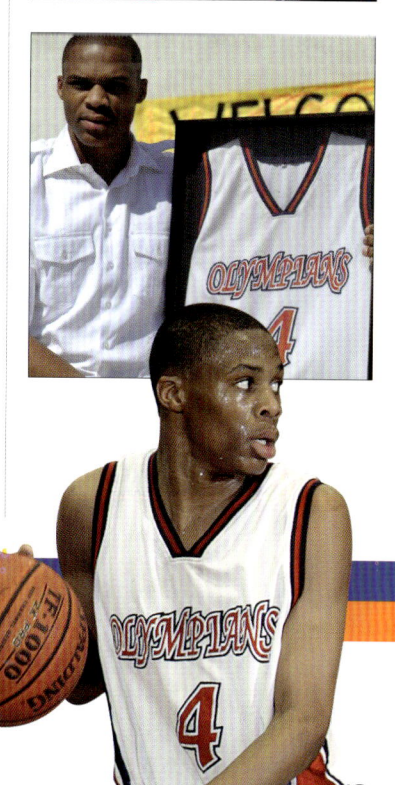

和他的弟弟雷纳德是如何成长的，但总该知道这个叫巴尔斯的家伙和威斯布鲁克那些不得不说的故事，ESPN在讲述威斯布鲁克的时候写了这么一件事情，这个故事像一部虐情的电影一般，最终以悲剧收场，唯一能让人开心的是这个主人公的最终命运。

但是，似乎这种和谐就像一面玻璃墙一样容易被击碎，一天下午，巴尔斯和队友去洛杉矶参加西南学院临时举办的比赛，原本想要和巴尔斯一起打球的威斯布鲁克却收到了一个无比糟糕的消息，巴尔斯在球场上突然昏倒惊到了所有人，当巴尔斯被送到医院的时候，医生宣布他因为心脏扩张死亡，巴尔斯在一场业余比赛中休克猝死。好友的离世对威斯布鲁克产生了巨大的影响，ESPN曾给威少高中时的一张图片注释："这个15岁穿14码球鞋的男孩一下变成了男人。"

从那以后，威斯布鲁克做出了极大的改变，就像触及了导火索一样。威斯布鲁克说自己是两个人在打球，两个人在生活，他经常去街道对面巴尔斯的家里，照顾巴尔斯最爱的奶奶。也许如今的威斯布鲁克还有一个名字——凯尔西·巴尔斯。所以，即便至今还有人觉得威斯布鲁克和杜兰特是两个极端体，但当杜兰特极力维护威斯布鲁克的时候，也许因为仅仅只有他能理解威斯布鲁克。他们两个人的境遇有着惊人的相似，他们在小的时候都不被人看好，并且，在他们成长中都经历了最疯狂的事情，杜兰特失去他人生的启蒙老师——查尔斯·克莱格，而威斯布鲁克带着"KB3"的灵魂在打球。杜兰特在鞋子上写着教练的名字，威斯布鲁克在腕带上刻着巴尔斯的缩写。杜兰特说，当他穿着35号球衣上场的时候，觉得查尔斯·克莱格就在身边，而威斯布鲁克说，当他上场的时候，当他看到"KB3"的时候，所有的困难都不复存在。

高三之前的威斯布鲁克只有1.75米，这样的个子注定让篮球之路不能通畅，赏识他并想要他的大学屈指可数，但每个人生命中总会有那么一两件幸运的事情，幸运到用一辈子来回忆。

在某一天，UCLA的助教跑到威斯布鲁克的家里和他的妈妈霍顿说："你儿子真棒，让他跟着我吧。我知道他很会打球，投篮不好有啥关系，他的篮板属性在控卫里是拔尖的。"威斯布鲁克的高中教练雷吉·莫里斯带着他去阿迪达斯ABCD训练营，对方看着这个1.75米的家伙直接拒绝了他。

高四那年，威少突然野蛮生长，身高达到1.90米，一年间足足长了15厘米，甚至在进入NBA后的第一个夏天，他又长了3厘米。关于那些"矮个子"时的糟糕的回忆不堪回首，人们瞧不起他，或者压根就没瞧他。威少却更努力，他和弟弟雷纳德在南加州的海滩上疯狂地练习跑步，在家的时候练习敏捷移动，不管做任何事都会给小腿绑上沙袋，他的父亲不支持他练举重，他就疯狂地做俯卧撑，一旦有类似单杠的物体，他就会抓住做引体向上。

然后，奇迹就发生了，威斯布鲁克不仅长到标注控卫的身高，而且他的速度、爆发力以及弹跳力均出类拔萃，更为关键的是他有一颗狂野无畏的雄心，这让他在球场上宛如野兽般去撕咬、搏斗。

锋芒初露
Russell Westbrook

　　2006 年，他做出了很多人们想象不到的事情，譬如对阵卡森高中轰下职业生涯最高的 51 分。然后，幸福就找上了门，除了 UCLA，亚利桑那也喜欢威斯布鲁克，但是威少说，他想选择离家近的，然后选择了 UCLA。但事实是，这所大学的这个名额原本就属于"KB3"，基廷来长滩也是为了考察"KB3"。所以威少选择走进这所学校，和这个灵魂一起在这里打球。所以，即便这所学校后卫线爆满，他还是义无反顾地选择了。他选择这所学校也意味着他基本没有上场时间，他的前面是达伦·科里森、阿隆·阿弗拉罗，以及一群拥有 NBA 实力的替补后卫。

　　大学队友凯文·乐福回忆道："无论晚上 8 点，还是早上 6 点，他总是待在球馆里。我自认来得很早，但每次见到他，我就有种'我到底要怎样才能比这家伙更早'的抓狂念头。"机会总是留给那些准备充分的家伙，科里森的受伤让威斯布鲁克完成逆袭剧本，大二场均贡献 12.7 分，出场 1318 分钟，

我就是我／威斯布鲁克生涯特别传略

打破阿弗拉罗 2005/2006 赛季创造的队史纪录。

在 UCLA 那段时间，威少的中投被所有的球队放大，虽然他的上场时间很少，以至于没多少球队愿意对他做太多的分析。但是威少却继续他的偏执，他每天在左侧底线投 1000 个皮球，投完之后在右侧也练习 1000 个，然后双手在衣服上蹭蹭，转身看着空空荡荡的球馆。这仅仅因为人们说他不会投篮，之后，人们嘲笑他不能打控球后卫。"大家说我不能打控卫，这很困扰我。"剧本仿佛是写好的，铁打不动的达伦·科里森受伤了，身子骨铁打的威斯布鲁克上位了，他强硬的打法迅速吸引了很多人的关注。

但在 UCLA 威少大部分时间都显得那么稚嫩，作为得分手却不会投篮，他的大一赛季场均只有 9 分钟的出场时间，投丢了几乎一半的罚球。要记得，这是个从他爸爸以及公共学校教练那里学习篮球的孩子，威少身后没有什么强大的人来支持他，仅仅有个名不见经传的 AAU（北美大学联盟）项目。作为大二学生，他将自己打造成了一个强悍的防守者与扣将的综合体。这时棕熊队连续第三年杀入 NCAA（全国大学体育协会）四强，他们的核心阵容是后场威斯布鲁克搭档达伦·科里森，还有理查德·巴默特。威斯布鲁克大部分时间都作为一个得分后卫，场均贡献 12.7 分和超过 4 次的助攻。他也曾以崛起新星的身份，身披流行的 0 号战袍出现在《纽约时报》的版面，这可能是他第一次在全美范围的媒体上露脸。

UCLA 作为种子球队进入 NCAA 决赛圈，也被视为夺冠大热门。在第二轮一场与德克萨斯农工大学的比赛中，威斯布鲁克最后一球压哨扣篮，两分险胜对手。棕熊队在半决赛以 78 比 63 战胜德里克·罗斯领衔的孟菲斯大学队，结束了失利。威斯布鲁克得到全队最高的 22 分，但是失利也让一些东西变得清晰起来。进入选秀，像罗斯这样的球员以其在控卫位置上的良好感觉被视为偶像，相比之下，威斯布鲁克太奇特了。他是个大家都关注的人物，但是有点一团糟，所用人都同意他有巨大潜质，但没有人知道他如何适应或者能够适应哪里。

Russell Westbrook

威斯布鲁克的第一年大学生涯仅出场325分钟，第二年暴涨至1318分钟，从场均3.4分涨至12.7分。UCLA的主教练霍兰德说威斯布鲁克打球像卡塞尔，那时没人会知道威少会变成现在这类型的球员。关于他被雷霆选走，后来的人们把功劳都归到了普雷斯蒂头上。

今天再次回望，读一读当年有关他的球探报告，你相信人们认识的公正性吗？2008年专家对威斯布鲁克的评价是："知道他的极限，作为一个球队拼图来说没有问题。"他的最好的模板是莱昂德罗·巴博萨，这是选秀网站对他的判断。他也被看作是个潜在的防守终结者，他可以作为板凳球员帮助球队。作为一个乐透新秀的话，他将是个巨大的黑洞和巨大的冒险。

2008年，当大多数人都认为威斯布鲁克应该继续留在学校时，他却抓住一丝丝支持的契机去投身选秀。当时西雅图超音速马上就将搬迁到俄克拉荷马城，超音速总经理普莱斯蒂认为未来的雷霆队需要一名后卫在后场减轻凯文·杜兰特的压力，因此普莱斯蒂决定为威斯布鲁克冒一次险。

我就是我／威斯布鲁克生涯特别传略

惊雷乍起

Russell Westbrook

2007年超音速用榜眼签选中杜兰特以及2008年首轮第四位选择威斯布鲁克让普雷斯蒂饱受质疑，俄城球迷纷纷质疑球队找了一个球盲做总经理，毕竟他们有机会选择凯文·乐福和布鲁克·洛佩斯这样的优质内线。球探们担心威少无法成为合格的控卫，UCLA主帅霍兰德拍胸脯保证弟子会像卡塞尔一样打球，没人料到威斯布鲁克的横空出世颠覆了一号位的定义。

退休之后"白巧克力"忍不住谈论起控卫潮流的改变："过去谈论控卫，第一反应是为队友输送炮弹，现在世道不一样了，控卫必须要去得分。"艾弗里·约翰逊如此评价走在时代前列的威斯布鲁克："拉塞尔刚进联盟的时候，他就被质疑到底能不能成为一名真正的控卫，人们说他是'控卫身，分卫心'，不管他打什么位置，不可否认他是一个极具才华的球员。"

还记得雷霆在2008年打出的3胜29负吗？雷霆第一场胜利是在常规赛的第三场，面对森林狼，威斯布鲁克投进了关键一球。已经打到第二个赛季的杜兰特表现已经近乎"无敌"。威斯布鲁克从板凳球员上打起，在他职业生涯的第18场比赛，111比103战胜孟菲斯灰熊的比赛中，他拿下12分5个篮板4次助攻外加2次抢断，这是他职业生涯第一次以首发身份出战的比赛。

2008年12月7日，面对迈阿密热火的比赛中，威斯布鲁克拿下30分7个篮板，这是他首次拿下30分或以上的分数。在2009年3月3日，面对达拉斯小牛的比赛中，威斯布鲁克砍下17分10个篮板10次助攻，这是他职业生涯第一次拿下三双成绩。在同年4月22日，威斯布鲁克进入了最佳新秀第一队。与威斯布鲁克在新秀赛季的表现相反的是雷霆队仍旧延续2007/2008赛季的糟糕战绩，仅仅取得了20胜62负的惨淡战绩。威斯布鲁克也在成长，依旧不稳定，只是偶尔闪光。但他很努力，他努力适应一个新的城市，学习怎样打好比赛，学习怎样适应82场比赛。

接下来的2009/2010赛季，雷霆以50胜的战绩在季后赛中与科比的湖人相遇。当时雷霆的阵中有杜兰特、威斯布鲁克、满脸络腮胡的詹姆斯·哈登和伊巴卡，那时的威斯布鲁克除了持球狂奔什么都不会做，在季后赛中，虽然被最后的总冠军洛杉矶湖人队挡在了第一轮，但是威斯布鲁克打出了非常

我就是我／威斯布鲁克生涯特别传略

好的一轮季后赛，他场均能砍下20.5分6个篮板6次助攻，一度令时任湖人队主教练的菲尔·杰克逊无计可施。

威斯布鲁克职业生涯早期并不是一名真正的控卫，因为他不能有效地盘活队友送出助攻。随着时间的推移，他作为控卫的感觉越来越好，2008/2009处子赛季，他常规赛场均送出5.3次助攻，2009/2010赛季助攻上升至8.0次，2010/2011赛季助攻上升至8.2次。不过身为一名控卫，冷静是基本素质，只有冷静分析，才能让球队整场比赛稳而不乱。他总是在场上充满激情，他打球的状态总是随个人情绪而变化。尽管他与传统控卫大相径庭，但威少会利用自己的能力扭转战局。

2010年11月27日，在雷霆以110比106战胜印第安纳步行者的比赛中，威斯布鲁克砍下43分8个篮板8次助攻外加3次抢断，刷新其职业生涯单场得分纪录，并在赛季结束后入选了NBA第二阵容。同他一起入选的有德文·韦德、德克·诺维斯基、保罗·加索尔和阿玛雷·斯塔德迈尔。

雷霆以55胜27负进入了季后赛，他们在首轮击败了内内领衔的丹佛掘金队，又在次轮抢七击败了孟菲斯灰熊队。抢七战中威斯布鲁克拿下14分10个篮板10次助攻，带领雷霆杀入西部决赛。虽然雷霆最后输给了后来的冠军小牛队，比分是1比4。威斯布鲁克在季后赛中场均能拿到23.4分5.4个篮板6.4次助攻的优异成绩单。

2010年他在"老K"教练的带领下赢得了世界篮球锦标赛的金牌，这可能是他职业生涯的转折点。人们都在讨论他是怎么跟自己从小在电视上看着打球的这些家伙相处好的，然而他自己根本没觉得这是个问题，仿佛这就是深入他血液里的本能。"他总是信心满满。"杜兰特指出。在美国打球，通常都是最高水平的较量，在媒体看来，下赛季他将被列入保罗、德隆·威廉姆斯等精英控卫的行列里。一直在进步的总是强于有希望而没有良好表现的，他开始意味着一些事情了。

2011/2012赛季，威斯布鲁克在这一年再次入选了全明星阵容，在2012年NBA全明星赛上，他代表西部队11投8中拿到17分4个篮板。在2012年3月23日，面对明尼苏达森林狼的比赛中，威斯布鲁克砍下职业生涯新高的45分，带领球队以149比140击败对手。这一个赛季，威斯布鲁克再次入选NBA第二阵容。这次同他一起入选的是凯文·乐福、布莱克·格里芬、安德鲁·拜纳姆和托尼·帕克。

作为劲爆型控卫的代言人，威斯布鲁克和罗斯像摇滚歌星一样，用更前卫的方式掌控比赛，当球迷们还在讨论斯托克顿和基德能不能扣篮时，他们早已将空中作业变成习以为常的游戏，他们的集锦中充斥着攻击篮筐的暴力

Russell Westbrook

镜头，对手更忌惮他们的切入和突破，而不是传球，与前辈相比他们的攻击属性更鲜明。2010/2011 赛季，两人合力提高了控卫的攻击上限，罗斯场均 25 分、6.9 次罚球，威斯布鲁克场均 21.9 分、7.7 次罚球，堪称控卫序列中的超级武器。

然而与独撑大局的罗斯不同，在"得分杀器"杜兰特身边依然保持强烈的进攻欲望，让威少的属性更为鲜明，罗斯受伤之后他更是成为此门派唯一的代言人，威斯布鲁克认为攻击是自己的本能："既然上帝给了我这个天赋，为什么不好好利用呢？不能让它白白浪费。"

2012 年 2 月 19 日，威少奉献了一场好莱坞式的飙分大戏，与杜兰特合砍 91 分，成为 NBA 历史上第一位队友拿下 50 分之后亦能砍下 40 分的控卫。杜兰特认为队友已经成为联盟前五的顶级控卫："看看他现在做的一切，感觉太不真实了，就像打电子游戏。"在南加州长大的威斯布鲁克一直以"魔术师"为偶像，他承认自己与湖人历史上最伟大的球员存在很大的差异，然而两位风格迥异的控卫却在不同的时代将比赛的观赏性提升了一个档次。

20 世纪 80 年代，"魔术师"用美妙的传球将比赛编织起来，每一次精妙的传递都是想象力的爆发。威少的杀手铜则是惊人的速度和爆发力，大多数控卫只有在快攻时才风驰电掣，唯有威少可以在阵地战中猝然启动，演绎速度与激情，他来到世上就是让观众陷入纠结，无论打出好球还是臭球都会让球迷情不自禁地爆粗口。威斯布鲁克也许还没有触及真正的成功，但却毫无悬念地杀死了传统。

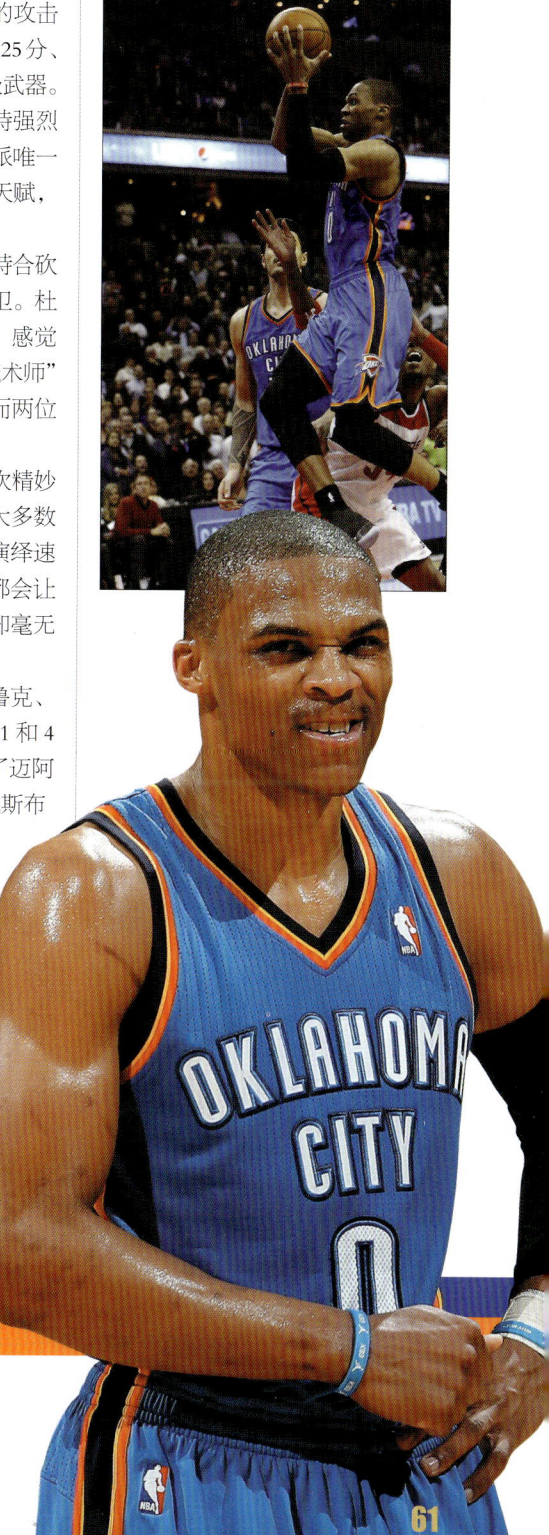

2011/2012 赛季，雷霆以 56 胜 26 负西部第二进入季后赛，威斯布鲁克、杜兰特和哈登带领的雷霆先后以 4 比 0 击败了小牛队，又分别以 4 比 1 和 4 比 2 击败湖人队和马刺队，闯入总决赛。最后，雷霆以 1 比 4 输给了迈阿密热火队，遗憾败北，这是雷霆队和威斯布鲁克的首次总决赛之旅，威斯布鲁克在第四战砍下的 43 分，创造了他在季后赛和总决赛的单场得分纪录。

威少已经足够优秀，但不可避免地被人们议论，他将怎样和杜兰特共处。他们之间也存在一些潜在的问题，比如有媒体指出他过去的一些不成熟行为和不擅长地板球经常使他们输掉比赛。在最近的打法变革中，雷霆也奉献了最具吸引力的比赛，2014 年 5 月，他们跟灰熊的季后赛第 5 场较量中，经过加时战胜对手，雷霆下半场的失误一度成为场上重点，摄像机捕捉到杜兰特对球队助理教练莫里斯·奇克斯说道："为什么一场比赛里威斯布鲁克拿到 40 分、5 个篮板、5 次助攻、3 次抢断、2 次盖帽，并且 11 罚 10 中，我们赢了比赛，就没有人说他什么，网上却有一群好事者指责他没有跟杜兰特分享球。"

我就是我／威斯布鲁克生涯特别传略

我行我素
Russell Westbrook

谣传的杜兰特和威斯布鲁克之间的冷战可能被夸大了。即使威斯布鲁克在2012年和2013年第二次、第三次入选全明星，即使他和杜兰特一起携手闯进了总决赛、赢得奥运金牌，即使一起戴着高级的无镜片眼镜，穿着花哨的吊带裤和T恤出席新闻发布会，即使雷霆是NBA中最有趣的球队，但关于威斯布鲁克疯子般地侵略性挤兑杜兰特的说法从未停歇，周期性地出现，就像花粉过敏或者肯德里克·帕金斯的微笑，逐渐成了一种约定俗成的说法，只要威少投出一些不着边际的投篮时，每次输球杜兰特都会闷闷不乐时。不管公平与否，这有助于理解职业生涯中期威少篮球呆子的特性。

但偶像的批评通常更具杀伤力，2012年，"魔术师"批评威斯布鲁克是总决赛最烂控卫时，不知道威少做何感想。过去几年里类似的批评甚嚣尘上，人们认为他太过粘球，贪恋球权，出手糟糕，不是冠军控卫，被戏谑成杜兰特的最佳防守者。

奥尼尔忍不住发出质疑："威斯布鲁克到底是什么类型的控卫？"菲尔顿认为威少是联盟第一号单挑狂人："他就是这样的球员，这是他的心态，跟所有后卫一对一。我真的不喜欢单挑，我想要的是赢球，不过他可能不这么想。"出手权堪比杜兰特，效率却无法匹敌，这是威少饱受诟病的主要原因，然而就此断定他阻碍了队友的发展未免有失公允，如果威斯布鲁克真是一个争权夺利的自私鬼，杜兰特怎么可能连续三年荣膺得分王，雷霆为什么会杀入总决赛？

杜兰特早已厌倦了媒体对兄弟的嘲讽："他们完全不该这么说，如果没有他，球队不可能走到今天，但人们总是无法意识到这一点。每个人都希望他成为一个像斯托克顿那样的传统型控卫，可是大多数人也无法达到拉塞尔的境界。"失去才会懂得珍惜，2013年季后赛雷霆失去威斯布鲁克后步履维艰，被问及损失威少后有何感想时，杜兰特的回答言简意赅："我们需要他，我们想念他。"雷霆球迷将雷吉·杰克逊比作百事可乐，但毫无疑问，俄克拉荷马人更喜欢可口可乐的味道，威少的地位无可替代。

你现在同样陷入了毕达哥拉斯悖论的说法，如果你去听查尔斯·巴克利或者浏览篮球Twitter，普遍都在说，威少是如此有天赋，但他的天赋伤害了他。不仅仅是关于他的自私，他神经般的投篮选择，战斗或者飞翔的本能让他坚

Russell Westbrook

持喊着"打四分"。他可以做任何事,所以他尝试去做任何事情。主要意思就是,让威斯布鲁克成为威斯布鲁克,看一个特别有天赋的、特殊的球员不受束缚地动起来,要比发条式进攻更有趣,即使失败也将更加强大。但每一个人,包括防守他的人都承认失败要来了。

2014年杜兰特在MVP颁奖典礼上将压哨致谢献给了威斯布鲁克:"我知道你们肯定以为我忘记了威斯布鲁克,他的事情我可以说一个晚上。有时候我想让你别烦我,你也是如此,但是我爱你,哥们儿。很多人对你并不够公平,批评你打球的方式,你一定要做自己。我非常感谢你,你也是MVP级别的选手,与你成为队友,我荣幸之至。"

杜兰特的蝙蝠侠地位不可撼动,而威斯布鲁克就是老大身边的罗宾,饰演这个角色是一门艺术,布鲁克斯却从未给弟子指定剧本:"我从来没有拿威斯布鲁克和其他组织后卫比较,我从来不会对他说'你该这样做'。"然而不做传统控卫并不意味着完全背离控卫的属性,在传球的细节上威少还有不小的进步空间,适时降低出手次数、减少失误同样是优质控卫的必修课。

如今威斯布鲁克已经习惯屏蔽讨厌的批评之声,在新型控卫的探索道路上他没有太多可以借鉴的成功经验。"我需要不断提升,不断进步,"威斯布鲁克说,"但我打球的方式,不会改变。"

2014年,随着伊巴卡小腿的受伤,雷霆队在西部决赛中输给马刺,威斯布鲁克又一次成为最具争议的球员……但熟悉篮球的人们都知道:不管将发生什么,这都不是威斯布鲁克一个人的错。

我就是我／威斯布鲁克生涯特别传略

球队支柱
Russell Westbrook

孤傲的科比如是评价过威少："他打球的态度跟我最像！他永远都保持着侵略性，而且认为这理所应当。"无疑"魔术师"约翰逊开创了全能一号位的先河，而斯托克顿则坚守了老派一号位的阵营，之后一号位火炬在纳什和保罗手里开始发展成"组织得分两手抓两手都要硬"的双赢模式，这个模式在如今库里的手里也正在发扬光大。

似乎每种类型的代表人物，都能如掌纹一样烙印出前世和今生的宿命。在威斯布鲁克之前并非没有暴力美学的组织后卫，组织后卫的暴力美学是在威斯布鲁克的手上发扬光大的，无论是从对抗、身体素质、球风、力量和速度，威少都在拉开和其他暴力美学一号位球员的差距。

如果说杜兰特是俄克拉荷马的"雷神"，那么威少更像是"雷神之锤"。杜兰特无疑是这里的未来，然而看威少打球就好像是告诉所有人：没有明天，只有现在！他是身上绑着炸药飞向敌军阵营的那种敢死队员，所以在输给鹈鹕之后错失重返前八的途中，威少根本就没泄气，他依然疯狂地出手、埋头猛冲，然后告诉媒体："无论我的命中率是100%还是0，我依然会继续投篮。"

2014/2015赛季，威少就像打了鸡血一般——对阵开拓者的比赛，威少在首节还有2分40秒时突破上篮得手，凭借此球，威少的职业生涯总得分达到10000分，成为现役球员中第55个万分俱乐部成员。此外，2015年2月的12场比赛，在杜兰特缺阵的7场比赛中，威少独自带队取得5胜2负的战绩，并打出4次三双，整个2月交出场均31.2分9.1个篮板10.3次助攻的疯狂成绩单。

而在此前，2015年纽约举行的全明星正赛上，威少也是发挥出色。全场砍下41分，距离张伯伦1962年创造的全明星正赛得分纪录（42分）仅有一分之遥。随着西部获胜，他无可争议地当选为MVP，捧起了自己的第一座MVP奖杯。

进入3月，威少火力依旧凶猛，3月5日在面骨骨折休息一场后，火线复出，面对鱼腩76人，在一个场均30+10+9的2月之后，他上演了更让人血脉贲张的疯狂，此役他奉献了生涯新高的49分16个篮板外加10次助攻，不仅连续四次砍下三双，历史上仅次于"飞人"乔丹，而且单场49+16+10的三双数据也是联盟自1985/1986赛季以来再一次出现。

Russell Westbrook

2015年3月9日,对阵猛龙,威少再次逆天!全场21投9中,罚球13中11,砍下30分11个篮板17次助攻的三双,这是他近6场第5次三双。3月14日,威少大杀四方全场砍下29分10个篮板12次助攻,尤其末节威少一人独揽14分,凭借一己之力摧毁了森林狼队的整条防线。

3月21日,雷霆主场迎战东部第一老鹰,没有杜兰特、伊巴卡、坎特,疯狂的威少全场比赛36分10个篮板14次助攻;4月2日,威少得到31分11个篮板和11次助攻,他如愿拿到赛季第10个三双,成为自2007/2008赛季杰森·基德以来,又一位完成单赛季三双数上10的球员。

4月7日,火箭客场挑战雷霆,哈登遇上威少,虽然输了比赛,但是威少全场拿下40分11个篮板和13次助攻的三双,这是他2014/2015赛季第11次三双,又是一次神级表演。在此时雷霆队里,威少已经是一个渐渐超越杜兰特的存在,他证明了自己拥有秒杀几乎所有对手的实力。

在威少2014/2015赛季疯狂爆发之前,他所得到的支持和遭受的非议几乎并列存在。在雷霆,威少可以用愤怒的打球方式激励队友,并赢得比赛胜利,同时,他又能用简单粗暴的动作和近乎独裁的方式,让批评者们热血沸腾。如果威少将他的愤怒一直延续下去,并像整个2月那样,带领雷霆夺得胜利,那么几乎所有人都认为他将是2014/2015赛季MVP的有力争夺者。但问题是,在威少的身上,一直有着巨大的争议,作为后卫,球永远在他的手里,如果球队胜利了,那么他就能够平息来自外界的批评,如果反之呢?显然,威少要像科比那样,创造属于自己的时代,还需要继续突破自我。

来到2015/2016赛季,最火爆的表现当属雷霆的威斯布鲁克。来自星星的"神龟"在2014/2015赛季刷出匪夷所思的数据之后,2015/2016赛季依旧难止火爆表现,即便杜兰特元神归位后也是如此。雷霆在常规赛揭幕战以112比106战胜马刺,威少上场37分钟,23投12中得到33分2个篮板10次助攻2次抢断。凭借这样的表现也让他成了过去10年来第3位在揭幕战至少得到30分和10次助攻的球员。紧接着第二场,面对魔术,他又轻松写意地砍下48分11个篮板8次助攻的神数据,35.5的PER值已经爆表。2015年11月17日,雷霆对阵灰熊,威斯布鲁克出战39分钟,得到40分4个篮板14个助攻3次抢断,成为过去30年来雷霆队史中首位单场得到40分14个助攻数据的球员。

随着赛季的深入,威斯布鲁克的效率值逐渐回归正常水准,虽然没有疯狂地冲击对手篮筐,但是场均三双的表现充分表明威少已经足够全面、足够稳定。但不可否认的是,威少的确变得更强。

2016年全明星周末,威斯布鲁克继续将高光带到多伦多全明星赛,拿到

西部最高的 31 分,继 2015 年得到全明星 MVP 奖杯后成功卫冕,他也成为 1959 年之后,首个卫冕 NBA 全明星最有价值球员的人。

2015 年全明星,威少就用 41 分的劲爆表现强势夺走 MVP,而 2016 年,生涯首次进入全明星首发的他,全场出战 22 分钟,除拿下 31 分之外,还贡献 8 个篮板、5 个助攻和 5 次抢断,23 次出手命中 12 球,其中三分球 17 中 7。

进入 2016 年 3 月威少稳定高效而又不失疯狂的表现依旧没有停止,对阵雄鹿,得到 15 分 10 个篮板 11 次助攻;对阵快船,得到 25 分 11 个篮板 19 次助攻,刷新生涯单场助攻纪录;对阵开拓者,得到 17 分 10 个篮板 16 次助攻;对阵 76 人,得到 20 分 15 个篮板 10 次助攻;对阵步行者,得到 14 分 11 个篮板 14 次助攻,这是威斯布鲁克第二次背靠背拿到三双;对阵火箭,得到 21 分 13 个篮板 15 次助攻,连续第三场比赛拿到三双;3 月 29 日,雷霆客场以 119 比 100 大胜猛龙,威斯布鲁克出场 34 分钟,得到 26 分 11 个篮板及 12 次助攻,再次得到三双。这个 3 月,威少共取得 7 次三双,追平了迈克尔·乔丹在 1989 年 4 月创下的一个自然月取得 7 次三双的纪录,其全面之处实在恐怖。

2016 年 4 月 12 日,雷霆主场以 112 比 79 战胜湖人,威少交出 13 分 10 个篮板 14 次助攻,收获赛季第 18 次三双。他也成为联盟自 1981/1982 赛季以来,

Russell Westbrook

"魔术师"约翰逊之后,第二位单赛季拿到过至少18次三双的球员。

威少努力地带领雷霆闯入季后赛,但是最终惜败勇士饮恨西决。其实随着季后赛的进行,他的发挥也变得越来越好。他始终保持着出色的发挥,尽管竞争越来越激烈,尽管比赛的强度越来越高,他始终保持着冷静。之前,人人都认为本轮系列赛里最好的控卫穿着勇士蓝,而现在,你可以非常明确地告诉别人,最好的控卫其实穿着雷霆蓝。当雷霆在本轮系列赛中以3比1的领先优势控制着主动权,很大程度上是因为威斯布鲁克,他的表现让斯蒂芬·库里收起了笑意。实际上,威斯布鲁克一直都活力四射,这从来就不是个问题,但他究竟是怎么打出这样的表现的?他是怎么做到一次又一次地杀到篮下、在得分和传球之间做出明智选择的?他是怎么做到在防守端及时而又频繁地干扰对手的?他是怎么做到在大包大揽的同时又盘活所有的队友的?

2015/2016赛季常规赛,威少平历史纪录的18次三双冠绝联盟,在常规赛MVP得票上高居第四位。对阵马刺的系列赛中,威少更是完成华丽蜕变,化身理智且有冲击力、得分和助攻的超级控卫。得益于威少的提升,加上一直稳定的杜兰特,他们一度把创造了常规赛73胜神话的上届冠军逼上绝路。

虽然赛季已结束,结局也让人惋惜,但是我们相信威少会持续努力,等待自己的时机。2016年这个疯狂的夏天,自由市场产生了足以改变联盟格局的转会。而这其中,雷霆的动荡无疑是最严重的那一个。6月24日,雷霆把伊巴卡交易到魔术,换来奥拉迪波、伊亚索瓦以及小萨博尼斯;7月4日,杜兰特宣布以2年5430万美元的合同加盟勇士;7月26日,维特斯以2年近600万美元的合同转投迈阿密;8月4日,雷霆宣布与威少达成了一份3年总价值8570万美元的新合同。威少坦称:"忠诚是我的第一选择!"

至此,俄克拉荷马人在2015/2016赛季半数主力已经离去,经历了大换血的雷霆,威斯布鲁克毫无疑问将成为球队的绝对核心及掌舵者。这位全身每个细胞都充斥着激情的孤胆英雄,势必会带着"仇恨"开启新赛季的征程。

霸道纵横

威斯布鲁克十大经典战

进入2016年,威斯布鲁克似乎"灵台空明,心志顿悟"。从多伦多再夺全明星MVP,到季后赛淘汰马刺,杀入西决,与勇士鏖战七场,其非凡神作如群峰连绵,如雷奔行,如云翻卷,无不令人击节赞叹。

疾速飞驰的威少多了几分云谲波诡的神秘,没有人知道他下一次出手的招式,是得分还是助攻?威斯布鲁克毫无疑问是雷霆的能量之源,一启动就是爆炸,足以炸碎任何防守,可谓是雷霆狂飙霸道风格的最佳代言人。

NO/GAME 01 雷击火箭
全能威少率队逆转

2016年1月30日,雷霆主场迎战火箭,杜威二少也迎来阔别已久的三弟哈登。

2016年多伦多全明星威少与杜兰特携手首发,而贵为2014/2015赛季MVP榜第二的哈登险些沦为看客,尽管最终"大胡子"被选入替补,但显然此时的状态与两位兄长还有些差距。

首节火箭占据主动,领先雷霆7分。次节,火箭队一度将分差扩大到两位数,雷霆通过"砍霍"战术以及威少的连续得分,将分差缩小。第三节霍华德被驱逐出场,双方短兵相接,交替领先,杜威二少联手帮助雷霆领先6分。末节,火箭奋力追分,一度将分差缩小到5分,坎特连得6分,杜兰特命中三分,雷霆再度领先14分。哈登率队奋起追赶,威少上篮得手稳住局势,终场前49.7秒,雷霆仍领先6分,火箭无力回天。最终雷霆主场以116比108力克火箭。

生死攸关的末节,哈登在防守干扰下鲜有出手机会。威少则在进攻、助攻以及篮板方面全面开花,表现都无可挑剔。以其全能的表现给哈登上了一课!最后威少砍下26分10个篮板14次助攻的三双战绩,并率领球队取得胜利。而哈登虽然打出33分7个篮板7次助攻的超强数据,无奈独木难支,只能客场饮恨。

NO/GAME 02 双杀魔术
24+19+14 横扫魔术

2016年2月4日,雷霆凭借杜兰特在最后0.5秒的三分以117比114绝杀魔术,但这并不能掩盖威少本场比赛的出色发挥。

上半场两队展开对攻,杜兰特独取5分率队打出8比0。魔术队顽强反击,奥拉迪波、武切维奇、哈里斯等纷纷建功,紧咬比分。半场结束前威少打三分成功,雷霆以66比65进入半场休息。易边再战,佩顿突破得分,奥拉迪波三分中的,第三节过半时,魔术队以83比78领先5分。杜兰特连取9分,率雷霆重夺主动权。末节还剩29.2秒,威少突破得分,双方战至114平,奥拉迪波随后的上篮被伊巴卡封盖,杜兰特在终场前0.5秒命中绝杀三分球,雷霆惊险获胜。

此役,威少砍下24分,抢下职业生涯新高的19个篮板,并送出14次助攻,这是他连续第三场砍下三双,这也是他2015/2016赛季的第八次三双。自上赛季单赛季砍下11次三双以来,威少已经化身"三双机器",在自己进攻和助攻队友之间自如切换。威少的攻击力也变得愈发强劲,终场前38.1秒,正是威少突破抛投命中,将比分追平,才创造了杜兰特最后一击的机会。雷霆在威少这台发动机的带领下稳步前行。

NO/GAME 03 星光闪耀
蝉联全明星MVP

2016年2月15日，多伦多全明星正赛，西部最终以196比173再胜东部。威斯布鲁克23投12中，三分球17投7中砍下31分8个篮板5次助攻5次抢断，再夺全明星赛MVP，成为继1959年佩蒂特后首次蝉联此荣耀的第一人。

作为五届全明星以来首次以主力身份登场的威少，从开场就展现出强烈的表演欲和求胜心。他先是与队友杜兰特不断冲击内线上演空中接力，然后看科比无欲无求时果断开启进攻模式向偶像致敬。弧顶一带三分屡试无果后，他选择右侧底角进行三分轰炸，三记三分过后将得分定格于31分，西部以23分大胜，威少蝉联全明星赛MVP。

而威斯布鲁克蝉联全明星MVP也完成了一项纪录，要知道在NBA历史上能做到类似的事情还要追溯到1959年，佩蒂特蝉联MVP，同时并列的还有贝勒。

NO/GAME 04 神龟魔法
超级三双击沉快船

两次严重的伤病并没有令威少如罗斯般陨落,反而使他无论是从身体上还是心智上,都完成了提升。2014/2015赛季单核带队荣膺得分王,同时单赛季斩获11次三双,但可惜功亏一篑无缘季后赛。2015/2016赛季满腔怒火的威少和伤愈复出的杜兰特强势归来,率领雷霆挺进西部前三。在杜兰特强大的进攻火焰下,威少并没有显得黯淡,明显成熟的他已经学会串联全队,用自己的组织才能和强硬的防守帮助球队取胜,三双也是水到渠成。

赛季中期一度和威少争"三双王"的格林,无论是"质"还是"量",早已被威少甩在了身后。18次三双已经追平"魔术师"在1981/1982赛季的纪录,而威少动辄20+15+10的超级三双更是格林的"经济型"三双所不能比的。

2016年3月10日,雷霆主场120比108成功复仇快船,威斯布鲁克再次打出超级数据,15投9中砍下25分11个篮板20次助攻,威少就此成为1988年"魔术师"约翰逊以来,NBA又一位单场至少25+10+20的球员,虽然赛后联盟取消了一次威少的助攻,但25分11个篮板19次助攻也是"魔术师"以来的首人了。

NO/GAME 05 三双封神
单季18次三双破纪录

2016年4月12日,雷霆主场112比79大胜湖人。威斯布鲁克砍下13分10个篮板14次助攻,本赛季的第18次三双,追平"魔术师"约翰逊,成为近35年单季拿下三双最多的球员。

更为难得的是,威少砍下的几乎都是大号三双。3月10日击败快船,威少砍下25分11个篮板20次助攻。2月4日,雷霆对阵魔术,威少拿到了24分19个篮板14次助攻,其中19个篮板也是威少生涯单场篮板新纪录。因此他继1982年的"大鸟"伯德之后,又一个单场拿到24分19个篮板14次助攻的球员。

NO/GAME 06 屠牛晋级
准大三双淘汰小牛

2016年4月26日,雷霆主场以118比104力克小牛,从而以4比1的大比分淘汰小牛晋级西部半决赛。威斯布鲁克表现神勇,全场23投13中砍下36分12个篮板9次助攻的超级准三双。

上半场两队展开对攻,首节开场杜兰特连取5分,雷霆"二少"率队早早建立起两位数的领先优势。次节,小牛队打出12比3的进攻高潮,将分差缩小到2分。"二少"再度发力,半场领先小牛7分。第三节,小牛一度将分差缩小到3分,又是杜兰特、威少轮流砍分,雷霆领先10分进入末节。第四节,小牛奋力将分差缩小到3分,威少在自己得分的同时串联起全队,终场前1分16秒,雷霆领先12分,小牛无力回天。最终,雷霆主场118比104战胜小牛。

赛前,小牛老板库班挑衅,声称雷霆只有杜兰特一个超级巨星,而威少还没这种资格,仅仅是个全明星。依威少的性格,嘴上可能不说什么,但心里肯定在较劲。果不其然,一开场威少就拼尽全力,首节砍下13分,三节过后已经得到26分8个篮板9次助攻的准三双。尽管小牛没有轻易缴械,但雷霆在威少全能表现的带领下,在终场前53.4秒,以117比103领先14分,而小牛也未能创造奇迹,只得接受败局。

NO/GAME 07 知耻后勇
全能威少初露峥嵘

2016年5月3日，雷霆客场以98比97险胜马刺，将总比分扳为1比1平。威少打出29分7个篮板10次助攻的准三双，是球队获胜的首功之臣。

此战马刺开局手感不佳，雷霆在首节一度领先两位数。不过，马刺逐渐找到手感，凭借阿德和莱昂纳德的连续得分，马刺在半场结束时仅以53比56落后3分。两队在下半场打得十分胶着，场上比分一直紧咬，阿德在比赛时间还剩13.5秒时造成三分犯规，他稳稳命中3记罚球，帮助马刺把分差缩小到1分。雷霆之后出现传球失误，马刺快攻反击，米尔斯三分出手不中，马刺错失绝杀机会。最终，雷霆以98比97险胜马刺，把总比分改写为1比1。

继上场的惨痛失利后，本场比赛，雷霆决定用天赋和速度对抗马刺，从开局雷霆就疯狂提速，成功限制了马刺在进攻端的发挥，威少作为雷霆的进攻箭头，也主动加强进攻给予了马刺禁区防守极大威胁。不同于以往的是，威少似乎突然觉醒，不再一味地蛮干，只要看到队友出现机会，便立即选择传球，整支球队也很好地被威少串联了起来。最终，在杜威"二少"的带领下，雷霆艰难地从马刺手里夺过主场优势！

NO/GAME 08 决战天王山
关键2+1 斩断马刺

2016年5月11日，西部半决赛第五场，雷霆客场以95比91险胜马刺。威斯布鲁克全场27投12中砍下35分11个篮板和9次助攻的超级准三双，率雷霆赢得这场至关重要的"天王山之战"。

比赛当日常规赛MVP的票选结果出炉，威少和杜兰特分别排在第四和第五，成为继2002/2003赛季"OK"组合之后第一对在常规赛MVP的票选中都跻身前五的组合。

首节威少手感火热率队9比2开局。马刺轮换阵容成功反超比分，杜兰特发力反击雷霆再领先6分。次节马刺打出14比5的进攻高潮反超比分。此后双方展开对攻，马刺领先5分进入下半场。

易边再战，格林连续三分飙中，马刺一度建立起12分的领先优势，此后雷霆"二少"率队奋力将分差缩小到3分。进入末节，双方展开拉锯战，终场前6.3秒，威少底线突破上篮打成2+1，雷霆领先4分，马刺无力回天。最终，雷霆夺得赛点，系列赛大比分3比2领先。

改变了球风的威少令马刺无从应对，无论自己的手感好坏与否，威少总能最合理地支配球，雷霆的天赋也让威少激发出来。第四场，尽管威少全场18投仅5中得到14分，但是送出15次助攻，并帮助雷霆取得了胜利。顿悟后的威少自然延续了这种打法，减少了个人强攻，更多地为队友创造机会。

但最后关头生死危急时刻，威少当然也不会手软，亮出利刃化身死士，直击对手命门，不断利用超强能力帮助雷霆咬住比分。尤其是最后6.3秒，威少野马脱缰般挣脱莱昂纳德，鬼魅闪击至篮下，迎着阿德完成一记2+1上篮，将分差扩大到4分，令老辣的马刺反击无望，无奈主场饮恨。

NO/GAME 09 首胜奇锋
单节19分全能制霸

2016年5月17日，雷霆客场以108比102战胜勇士，赢得了西部决赛首回合的较量。威斯布鲁克21投7中砍下27分6个篮板12次助攻7次抢断的全面数据，成为有准确统计的32年来拿到如此全面数据的第一人。

首节雷霆失误连连，库里和巴恩斯连续投进三分，雷霆在威少的带领下追分，首节战罢勇士27比21领先。

次节，利文斯顿和伊戈达拉联手得到8分，勇士打出10比3的攻击波将比分差距拉大到13分。威斯布鲁克连续助攻队友得分，回敬一波7比0的小高潮将比分迫近。"水花兄弟"连续飙进三分，雷霆以47比60带着13分的劣势结束上半场。

第三节威少火力全开，先用一记中投与连续命中的两记三分独得8分，一人对勇士打出8比0。库里予以三分还击，威少此后不断攻击勇士内线，利用罚球以及抢断反击，再得11分。此节战罢，威少单节轰下19分，率雷霆追回10分，彻底扭转颓势。

末节杜兰特投进扳平三分，维特斯连得5分，雷霆打出10比3的攻击波将比分反超。关键时刻，威少连续罚球命中，宣告了勇士死刑。

上半场，威少受到勇士严防死守，进攻频频受阻。但在与马刺的系列赛中彻底升华了的威少，不断送出妙传，助攻队友得分，半场结束时，威少一人就贡献了8次助攻，帮助雷霆紧咬比分。易边再战，威少终于找回了手感，连突带投，单节砍下19分3次助攻，19分也是威少个人季后赛最高得分。找回进攻节奏的雷霆愈战愈勇，最终在首战爆冷战胜上届冠军，抢占了西决的先机。

NO/GAME 10 神龟狂舞
超级三双夺赛点

2016年5月25日，雷霆主场以118比94大胜勇士。威斯布鲁克得到36分11个篮板11次助攻的超级三双，带领球队强势夺得赛点。

此战，勇士开场状态低迷，雷霆凭借攻守转换一度建立起14分的领先优势，勇士轮换阵容将分差缩小到4分。第二节，勇士将分差缩小到2分，雷霆"二少"率队重新建立起19分的领先优势进入下半场。第三节，汤普森独得19分，帮助勇士将分差缩小到6分。威少挺身而出，连续取分率雷霆领先12分进入末节。第四节，雷霆再度将分差扩大到23分，勇士缴械投降。雷霆夺得赛点，系列赛以大比分3比1领先。

赛前，舆论对格林的谴责持续发酵，联盟将上一场格林对亚当斯的恶意犯规由一级升至二级，但并没有对其禁赛，勇士得以保全主力阵容。然而雷霆似乎摸到了上届冠军的命门，勇士在常规赛横扫一切的"死亡五小"阵容，在雷霆面前似乎失去了效果，以威少为首的"雷霆的五小"阵容似乎更加出色并不断扩大场上的优势，第二节和第四节球队在威少的带领下先后打出攻击波，末节的进攻高潮更是直接杀死了对手。

觉醒的威少不断进化，几乎将雷霆的天赋激发到了极致，3比1的大比分不仅把上届冠军逼上了绝境，也让当初的质疑者闭上了嘴！

霹雳神锋

威斯布鲁克十大必杀技

威斯布鲁克在球场上永远以气势取胜，恐怖的爆发力、令人窒息的直线速度、爆炸般的力量挥霍，单刀直入，直取核心。他单枪匹马拯救或者毁灭世界，不计毁誉成败。

无论是速度还是力量，在后卫线威少堪称无与伦比，凭借这些傲视同侪的资本，威少足以纵横捭阖、叱咤风云。

他不仅全能，而且样样技艺都是顶级，所以豪取三双对他而言如探囊取物。

急停旋翼
突破急停跳投

01

这是威斯布鲁克的第一招牌动作，使用频率极高。急速突击，对手仓皇后退，他突然凭借天赐的铁膝盖和弹簧腿垂直飞起，强大的腰腹力量让他像直升机般悬停在空中，从容完成最后的手型调整。他在空中的身体形态就像一张饱满的弓，发出铿锵有力的凌空一击。自从他2011年掌握了这一招，他的比赛就进入了另一层次。在之后几年里，他的出手方式和调整动作日益丰富，可以在多种不同的情况下突然切入这种极具视觉体验的投篮状态。你不要被他的总体命中率迷惑，在急停跳投上，即使把三分球算在内，他也是大行家——真实命中率在2013年之后是惊人的58%。

单刀直入
02 运球突破上篮

威少是很少变向的,因为根本不需要。一个简单的单手侧拉运球,避开对手的身体中心,立刻就能直线起速。太过彪悍的爆发力和肌肉力量,足以让他瞬间甩开对手直冲篮下。一直以来,威少都更像是一个超级中投手,因为他缺乏足够多的突破招式。但到了2014/2015赛季,他的突破思维明晰得多:韦德式急速小变向穿越双人夹击,左手大幅度横拉后一步强突,以及越来越均衡的左右变向。以他的半兽人能量,每当新找到一种有效的新招式,他的赛场影响就质变一次。于是,他终于成了最热门的MVP候选人之一。

03 电光石火
空中接力扣篮

威少的扣篮次数足足高出同等身高球员的平均值两倍有余：他每48分钟扣篮0.85次，而平均值不足0.3次。于是，奇迹出现了，一个一米九零的一号位视空接扣篮为家常便饭。快攻中和队友配合的冲锋式空接不必多说，在阵地战中也屡见不鲜，他的扣篮30%来自队友的助攻：强悍的对抗和无球摆脱，然后从底线如战车般冲向篮筐，队友应声传球，威少屈膝急停，双臂后摆，腾云驾雾般直冲九天，一记令人血脉贲张的空接灌篮就完成了。

04 奔雷怒放
突破风车灌篮

威少的另一个招牌动作必然是纵贯全场的单骑突击：从后场超越所有人，然后把自己挂到篮筐上。你必然对他2014/2015赛季对76人那一战中惊世骇俗的全场一对九一条龙印象深刻。他从后场接球，发现对手漫不经心地退防，没有一个人正面阻击他。于是他从底线全程加速，只用了四秒钟和四次运球就穿透了整个球场，同时越过了所有的对手和队友。最后，他隔着两名76人球员狂暴起飞，双手怒扣！一次完全没有快攻机会的进攻，愣是被他无中生有地打成了快攻。四秒钟之内，一切都结束了。

弯弓搭箭
三分远射投篮

威少的三分球带着明显的赌徒气质，因为他的三分球出手方式和中投无甚差别。这直接影响了他的三分球命中率，常年只有三成出头，2014/2015赛季强投过多，更是只有29.3%了。当然了，这并不是他的常规技能，就像三分球不是韦德的常规技能一样。他们的冲击力太过强悍，本能地去追求更近的出手位置。再者，他们的肌肉张力太过凶猛，远射时力量有余，精确不足。虽然凌空远投的姿态极其美妙，但效果往往不好。尽管如此，这并不等于你可以放空他，因为他的投篮从来都是无视距离的。

鬼手神断
猛兽压迫抢断

06

威斯布鲁克的赛场能量充沛横溢，整场的急速突击和飞天遁地对他来说完全不是问题。此外，此人向来好战成狂，从来不知道什么叫收着打，只要他还站在场上，他就会让自己的能量肆虐攻防两端。他像詹姆斯、韦德一样喜欢在防守端四处游弋管闲事，精确的判断、彪悍的压迫、迅猛的速度，让他在防守端游刃有余，时常上演生死时速般的闪电抢断，或是轮转换位，或是收缩夹击，或是强行打劫，或是背后突袭。2014/2015赛季他场均抢断2.14次，高居联盟第二，已然加入顶级鬼手之列。

鹰击长空
07 勇猛冲抢篮板

篮板和反击是联系在一起的。既然威少的冲击力如此彪悍，那么，让中锋抢下篮板再传给他岂非浪费时间？那就让他自己来吧，反正这对他来说从来不是问题。

雷霆用一连串快到令人窒息的防守轮换逼迫对手投篮不中，威少乱军中看准篮板位抢将过去，如猎鹰般高高飞起扑下篮板，一连串动作感十足，然后一转身就是急速反击。如你所知，当年的基德、勒布朗、保罗、隆多都是这么玩的。

威少身为一号位球员，2014/2015赛季场均摘下7.3个篮板，排在联盟第37位。这是什么概念？这相当于最优秀的三号位篮板手的水平，即使在中锋里也是中上游水准。

暗度陈仓
突破防线分球

 08

威斯布鲁克的冲击力不仅粉碎着球场上的时间和空间,还粉碎着人们的观念:一号位也可以这样玩?但威少最终证明,确实可以。本来只是一次常规的带球过半场,但到了他手里,说不定就成了一次单骑冲阵斩首而归的表演。本来只是一次常规的后卫突破发起进攻,但到了他手里,说不定就能穿透整个防御阵型,或者让对手的防守秩序陷入混乱,然后打出精彩的突分。这种价值足以让任何教练心动,所以,雷霆的组织大权一直牢牢掌握在威少手里。尽管失误数字和容易发热的大脑总被诟病,但他真的一直是一个一号位,他一直有着一号位应有的传球意愿。

2014/2015赛季,他的场均助攻足足有8.6次,创生涯新高。无论进攻还是组织,都已经进入顶尖行列。

遮天蔽日
猝起追击盖帽

曾几何时，勒布朗·詹姆斯用招牌式的追身钉板大帽让世界叹为观止。如今继承这一炫目技能的，是运动能力无与伦比的沃尔和威少。对手断球，风一样杀向前场，以为一次快攻表演近在咫尺。但在他的身后，是比风还快的威少。他咬着对手的步子追击过去，然后一个大鹏展翅的动作将自己送向高空等待对手出手。可怜的猎物只来得及看到一片阴影笼罩过来，然后就发现皮球在篮板上留下了一个勋功章般的印记，还没等反应过来，球权已经换了主人，反击者正在被威斯布鲁克反击。

威不可挡
大心脏无所畏

(10)

他飞天遁地,横冲直撞,永远精力充沛,随时准备用自己的方式拯救世界。和威斯布鲁克讨论畏惧是没有意义的,一颗畏惧的心脏绝不会拥有他那种永动机一样的刚猛能量。

2012年总决赛第四场,当整支雷霆都在迈阿密噤若寒蝉的时候,年仅24岁的威斯布鲁克却仿佛浑然不知,心脏如同他的肌肉一样强健有力,单场狂飙43分。若非勒布朗最后的超神发挥,他已经独自逆转了命运。这不是偶然,而是威少的常态。即使2014/2015赛季的雷霆已经满目疮痍,他不得不独自担当一切,但你仍然看不到威少有半分沮丧。只要他还在场上,他的心脏和身体就都在狂暴地作战,直至终场哨响起。

2016 之夏，杜兰特远赴金州，伊巴卡转投奥兰多，一时间我们熟悉的杜威二少领衔的那支雷霆军团已不复存在。但只要有威斯布鲁克在，切萨皮克能源球馆就不会缺少激情。2016/2017 赛季的雷霆迎来迅猛强悍的奥拉迪波，而威斯布鲁克也以绝对王者的态势统领全军，这将是一支风格迥异的新雷霆。

天魔军团

俄克拉荷马城雷霆点将录

回首以往，我们真无比怀念风雷激动的俄城往事，还有那支杜威二少领衔的魔兽天兵！那是联盟中最具天赋、最为狂野的青年军团。

从2008—2016年，他们4次杀入西部决赛、1次杀入总决赛，打出无数惊心动魄的生死瞬间。

雷霆如暗夜天魔般拥有破空排云、毁天灭地的威力，他们有乔丹皮蓬、"OK"组合、詹姆斯韦德之后最恐怖的双人组，单论攻击火力的输出更是无需向任何前辈低头。雷霆集权独裁睥睨众生，是妖异纵横的天魔军团。

自从 2012 年连续掀翻小牛、湖人、马刺三大西区豪强闯进总决赛后，雷霆就是天赋型球队的代言人，奔走如风，暴跳如雷。他们的必杀技就是凭借天赋无限提高比赛门槛，用高强度的奔跑和对抗把中气不足的对手全部累脱水，然后快马扬鞭，笑纳胜利而去。他们的球队模式像是魔鬼般的恐怖集权、寡头垄断，缺乏系统和章法，一切全在雷霆双少的轮番单挑上，其他人则主要负责防守、拼抢、把握空位。

他们敢于和任何冠军级对手开战，即使无法取胜，也让人心有余悸。湖人、马刺、小牛、热火、勇士，雷霆都曾和他们上演过天神行法般的战斗。话说勇士的五小阵容以冠绝历史的投射、机动能力创下 73 胜纪录，横扫联盟，无人可敌。但在一个系列赛中，天下事无不可为的雷霆给出了他们的回应。他们以大对小，用自己独一无二的高度、臂展、弹跳和内线中可遇不可求的机动能力和勇士对战，伊巴卡、亚当斯、杜兰特的狼蛛长臂让小了一号的勇士锋线无所适从，陷入 1 比 3 落后的绝境。

但正如冷兵器终究无法战胜热兵器，雷霆的天赋和体能虽然远远强于普通球队，但终究不能持续和比自己矮 10 厘米的对手拼脚力。他们只差几个三分球就能坚持到胜利的那一刻，但汤普森在第六场以 11 记三分球改写了既定的命运。佛祖降世，无可奈何。毫无疑问，他们赢得了所有人的尊重，包括对手。

经历 2015/2016 赛季的 82 场常规赛，雷霆展示了其独特的风格。他们有着全联盟第二强的进攻火力，仅次于 73 胜的金州勇士，但他们的防守相对平庸。雷霆进攻依赖于杜兰特和威斯布鲁克，巨星的存在使其进攻手段稍显单一，但的确难以阻挡。

二少固然是雷霆的重要招牌，但他们还有一个优势——联盟中最善于争抢进攻篮板的球队。常规赛中雷霆可以抢下 31.1% 的投失球，比排名第二的球队高出了 4.1%，这是 NBA 历史上这项数据里前两名之间的最大差距。

为了辅助雷霆双少，球队通过选秀得到了习惯挡拆下顺的亚当斯、习惯挡拆外弹的伊巴卡、拥有背筐技术的坎特以及偶尔能够打出明星级别表现的维特斯。

在 2015/2016 赛季，雷霆排在全联盟防守效率榜的第 12 位，虽然依靠其强大火力能跻身强队行列，但绝非顶级。然而，这只是常规赛。

在 2016 年季后赛，雷霆表现焕然一新，对阵马刺完成彻底蜕变。从西部半决赛第二场对阵马刺的比赛到西部决赛第四场对阵勇士的比赛，雷霆在各个细节上都做得几近完美。当雷霆能够将天赋彻底兑现时，几乎不可阻挡。

在这九场比赛中，雷霆面对联盟防守第一和第三的强队，每百回合失分为 100.4 分，打出了联盟前三的防守效率。在雷霆的压迫式防守下，马刺和勇士的场均得分比常规赛下降了足足 10.1 分。

此外，雷霆依旧保持联盟前五的进攻水准。杜兰特场均轰下 30 分；威斯布鲁克则场均贡献 27 分和 11 次助攻；坎特和亚当斯在马刺的内线翻江倒海，而对阵勇士时，伊巴卡接替了坎特的位置；当"正常的维特斯"出现时，往往能够提供充沛的火力支援；罗伯森一度被称为"弱化版的托尼·阿伦"，却也在进攻端大放异彩，他不仅能在防守端掐住对手主要得分点，还能在反击和混战中命中三分、完成上篮。

因此，我们可以将季后赛的雷霆视为完全不同的新球队，他们不再是常规赛中规中矩的强队，完成了跨越式的进步。即使雷霆在西部决赛连输三场，遭到勇士逆转，却也不能抹杀他们取得的成就。在西部决赛第六战的前 45 分钟里，在西部决赛抢七的大部分时间里，雷霆都保持了季后赛以来的绝佳状态，可惜他们面对着火力全开、状态回暖的勇士，没能延续奇迹。

虽然遭到淘汰，雷霆已经表现出了长期冠军争夺者的潜质，只要在杜兰特身边配备足够好的帮手，雷霆依旧能在下赛季达到这样的高度。通过常规赛和季后赛的表现，雷霆向我们证明了他们的调整能力，从另一个角度看，这意味着雷霆并没有为夺冠做好足够充分的准备。下赛季也许是更好的机会。

这样的失利并非世界末日，雷霆已经向我们展示了球队的能力，在面对 73 胜的历史级别强队勇士时，雷霆并没有轻易崩盘。

如果没有汤普森第六场有如神助地投进 11 记三分，或许雷霆早已赢得系列赛，他们只需要在比赛的最后一分钟坚持住，就能创造历史上最神奇的下克上。

绝命赌师

比利·多诺万 T

俄克拉荷马城雷霆点将录

毫无疑问，在三轮系列赛之后，多诺万已经成了众望所归的俄城篮球教父。他是1987年的NBA新秀，他在佛罗里达大学执教长达19个赛季，并拿下两尊NCAA总冠军。可以说，他同时熟悉NCAA和NBA的奥秘。所以，哪怕这是他第一次正式执教NBA球队，也丝毫不显生涩，甚至反客为主，用NCAA的思路给73胜的宇宙战队带来了强烈的冲击和震撼。

如你所知，NCAA的淘汰赛无比残酷，一场定胜负，冷门频发。换言之，在那种比赛中，你的每一场都是NBA的第七场。一旦你犯错，就没有下一场可以改正。所以，你必须一开始就做好所有的准备：计算、筹谋、应变、博弈、豪赌。19年的NCAA生涯下来，我们可以想象，多诺万先生的心脏，早已成了钢铁。雷霆和多诺万堪称天作之合，雷霆无比强大的精力和天赋，让他们可以无限提高比赛的强度和密度，集中最强大的力量在整个系列赛中向对手持续撕咬；而多诺万正是这种玩法的大宗师。

天下第一洪荒巨兽遇上顶级驯兽师，这就是如今的雷霆。毫无疑问，他们会继续合作下去，他们的阴影，会在之后几年像魔咒般高悬在联盟的上空。

2015/2016赛季常规赛数据
55胜 27负 67.1% 胜率
2015/2016赛季季后赛数据
11胜 7负 61.1% 胜率

比利·多诺万
Billy Donovan
生日：1965-5-30
国籍：美国
执教生涯：雷霆

霹雳魔王

拉塞尔·威斯布鲁克

俄克拉荷马城雷霆点将录

PG

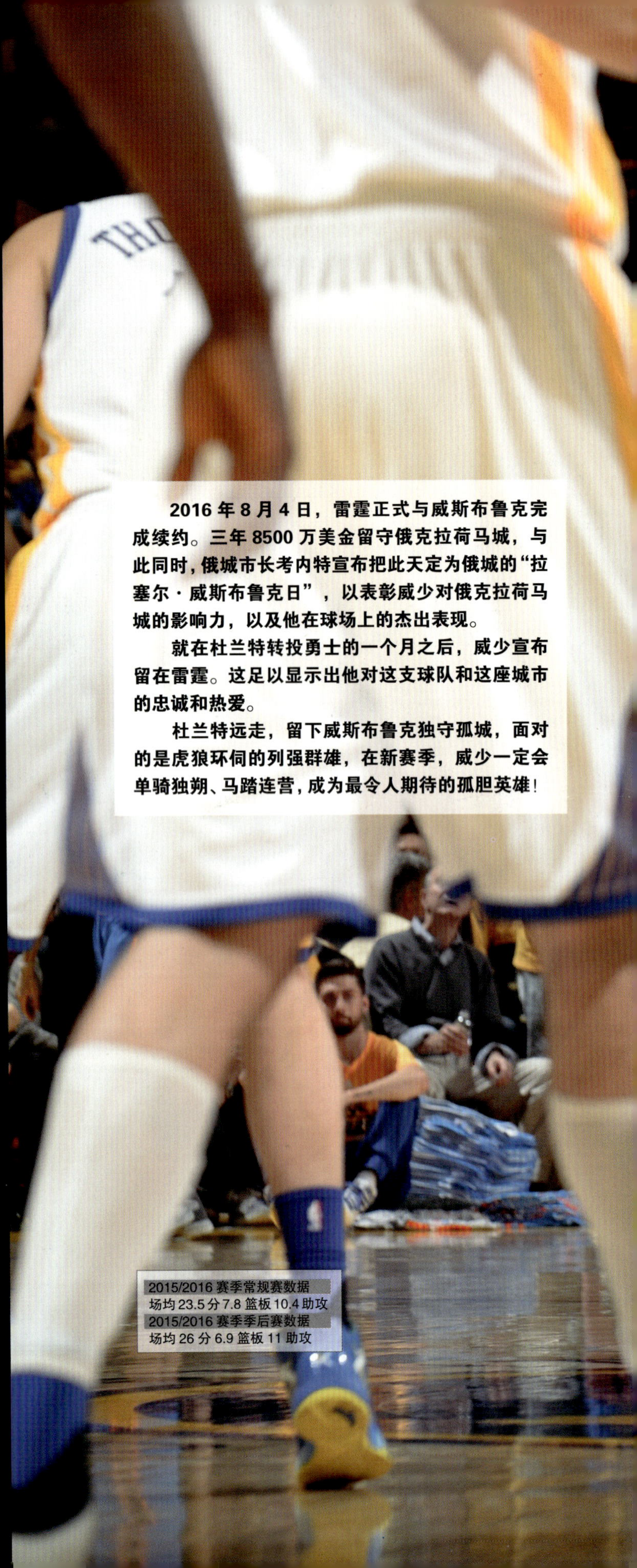

2016年8月4日，雷霆正式与威斯布鲁克完成续约。三年8500万美金留守俄克拉荷马城，与此同时，俄城市长考内特宣布把此天定为俄城的"拉塞尔·威斯布鲁克日"，以表彰威少对俄克拉荷马城的影响力，以及他在球场上的杰出表现。

就在杜兰特转投勇士的一个月之后，威少宣布留在雷霆。这足以显示出他对这支球队和这座城市的忠诚和热爱。

杜兰特远走，留下威斯布鲁克独守孤城，面对的是虎狼环伺的列强群雄，在新赛季，威少一定会单骑独朔、马踏连营，成为最令人期待的孤胆英雄！

当天赋异禀的詹姆斯渐渐老去时，威斯布鲁克正在成为联盟最具冲击力的球员。他不喜欢变向，也很少减速，球场在他眼中，永远是一条直线，可以直达篮筐。如果他想来一记投篮，他只要跳向空中就能获得空位。他的身体构造简直像是外星人的科技产品，不需要意念指导就可以直接对球场局势做出反应。在杜兰特让出球权之后，威少正式成为雷霆的头号"发动机"，开足马力、全速启动，将自己的破坏力发挥到了极致。2016年西部半决赛对马刺第四战，他用35分12篮板9助攻的全能表现扳平总比分。西部决赛对勇士第四战，他又砍下36分11个篮板11次助攻的超级三双，把勇士推向1比3落后的绝境。

他的突破是如今联盟最恐怖的武器之一，一启动就是波开浪裂、风声鹤唳。他的体能无比恐怖，从来不会显露疲态，简直就是为了多诺万主教练的举行赌博战术而生的。虽然勇士实现了逆转，但威少没有输，他理应和库里分庭抗礼，并成为如今最强大的两个控球后卫。

2015/2016 赛季常规赛数据
场均 23.5 分 7.8 篮板 10.4 助攻
2015/2016 赛季季后赛数据
场均 26 分 6.9 篮板 11 助攻

拉塞尔·威斯布鲁克
Russell Westbrook
生日：1988-11-12
国籍：美国
身高：191cm
体重：91kg
位置：控球后卫

传 奇 解 码

128 追平骇客：2016年5月9日，西部半决赛，雷霆主场以111比97战胜马刺，威少一共完成3次抢断，这使得他的季后赛抢断数达到了128次，与肖恩·马里昂（128次）并列历史第59位。

传 奇 解 码

7 抢断新高：2016年5月17日，西部决赛第一场雷霆客场108比102击败勇士，威少拿到27分6个篮板12次助攻7次抢断，其中7次抢断也创造雷霆队史季后赛抢断最高纪录。

传 奇 解 码

19 单节狂飙：2016年5月17日，西部决赛第一场，威少在第三节比赛里突然爆发，独得19分，创造了威少季后赛生涯单节最高得分。

无解死神

凯文·杜兰特 SF

克拉荷马城雷霆点将录

从青涩的超音速新星到人见人畏的死神，杜兰特的成长史就是雷霆队的队史，4次得分王、1届常规赛MVP、3次西部决赛、1次总决赛，连续41场得分25+。

杜兰特把雷霆从鱼腩球队变为争冠球队，他已经成为雷霆的旗帜式人物，而这一切随着那个加盟勇士的决定变得令人唏嘘，但杜兰特为雷霆缔造的那些传奇过往不会随着岁月的变迁而消逝……

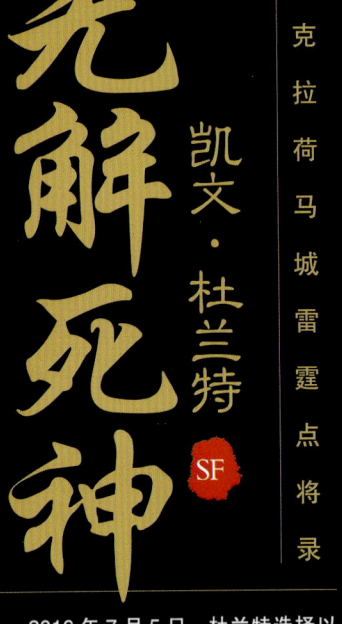

2016年7月5日，杜兰特选择以2年接近5430万美元的合同签约勇士，金州惊现旷世无匹的四巨头，自当是欢乐无比，而反观失去"KD"的俄克拉荷马，全城上下一片愤慨、讨伐之声，而"叛逃"的杜兰特也被视为全城公敌。

其实人员流转也是必然过程，杜兰特将生涯中最巅峰的那几年半数尽留在城，并且与威斯布鲁克联手将雷霆带到顶级球队的序列。无论将来如何，雷霆已经留下"KD"深深的烙印，回首过往，你会发现：雷霆的杜兰特，真的很强！

可以和中锋比肩的身高，外加与身高完全不相符的风一样的奔跑能力、控球能力，三者结合，造就了豪取四届得分王的怪物射手、死神引弓、万众屏息。

2014年伤病之后，他不再是那个与詹姆斯互飚全能的MVP，但正因为他对球权的部分放弃，使得2016年成了他和威斯布鲁克契合度最高的一年，后者的弧顶强打和他的无球侧翼切出相得益彰，将两人最擅长的技术发挥到极致。

杜兰特就像一个加强进攻版的加内特，在攻防两端让对手苦不堪言，似乎连空气都弥漫着令人窒息的绝望和恐怖。

> **2015/2016 赛季常规赛数据**
> 场均 28.2 分 8.2 篮板 5 助攻
> **2015/2016 赛季季后赛数据**
> 场均 28.4 分 7.1 篮板 3.3 助攻

凯文·杜兰特
Kevin Durant
生日：1988-9-29
国籍：美国
身高：206cm
体重：106kg
位置：小前锋/大前锋

传奇解码

41 狂飙拔刺：2016年5月9日，西部半决赛雷霆主场以111比97战胜马刺，杜兰特25投14中疯狂砍下41分，追平个人季后赛单场得分纪录。

杜兰特雷霆生涯数据表

常规赛	得分	篮板	助攻
2007/2008	20.3	4.4	2.4
2008/2009	25.3	6.5	2.8
2009/2010	30.1	7.6	2.8
2010/2011	27.7	6.8	2.7
2011/2012	28.0	8.0	3.5
2012/2013	28.1	7.9	4.6
2013/2014	32.0	7.4	5.5
2014/2015	25.4	6.6	4.1
2015/2016	28.2	8.2	5.0
生涯场均	27.4	7.0	3.7

季后赛	得分	篮板	助攻
2009/2010	25.0	7.7	2.3
2010/2011	28.6	8.2	2.8
2011/2012	28.5	7.4	3.7
2012/2013	20.8	9.0	6.3
2013/2014	29.6	8.9	3.9
2015/2016	28.4	7.1	3.3
生涯场均	28.8	8.0	3.7

无敌王炸

威斯布鲁克 & 杜兰特

如雷奔行，如云翻卷。疾速飞驰的威少多了几分云谲波诡的神秘，没有人知道他下一次的出手招式是得分还是助攻。

威斯布鲁克毫无疑问是雷霆的能量之源，一启动就是爆炸，风雷滚滚，足以炸碎任何防守，可谓是雷霆狂暴霸道风格的最佳代言人。在多诺万的安排下，杜兰特开始成为一台终结机器，威少正式成为雷

霆的大脑。不但负责冲锋，还负责思考。2015/2016 赛季场均 10.4 次助攻创下生涯新高，并加冕季后赛助攻王。

杜兰特是那凌空踏虚、幽暗阴森的死神。他拥有无与伦比的投射手感和技巧，漂移如风，再加上 2.06 米身高和 2.28 米逆天臂展带来的出手点几乎无法封盖，于是大鸟和诺维茨基之后最可怕的高个射手诞生了。

一旦被他找到手感，即使对面是蝉联最佳防守球员的莱昂纳德和 3D 球员典范丹尼·格林，他也可以完全无视。2016 年西部半决赛对马刺第四战，他突然进入神魔境界，全场狂砍 41 分，末节 6 投全中射杀马刺取得胜利，一举将大比分扳平。

进击巨灵

赛尔吉·伊巴卡 PF

俄克拉荷马城雷霆点将录

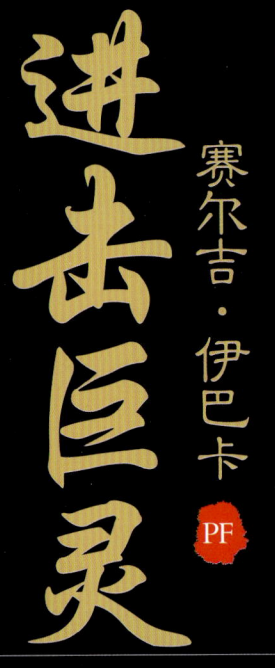

2016年夏天伊巴卡的率先离去令人颇感意外，被称为"医保卡"的他是镇守雷霆的屏障，是雷霆在选秀领域的又一杰作，也被人称为继杜兰特、威斯布鲁克之外，雷霆的第三巨头。

标准的大前锋身高，但却有着这个身高上最可怕的速度、弹跳和敏捷，还有一手精准的中投。他很难扛住巨人的单打，但他的敏捷让他在整个半场无处不在，像一团笼罩在对手头顶的乌云，随时可以将对手在任何位置的投篮扇向看台。雷霆是一支靠本能打球的球队，攻防皆是如此。但伊巴卡的存在给了他们这么做的本钱，他们可以毫无顾忌地向对手发动紧逼，而不担心失位，因为伊巴卡一定会出现在他们身后。他们还可以发动必杀技无限换防对付对手，因为伊巴卡的灵敏性允许他长时间对位小前锋乃至后卫。伊巴卡在进攻端也在进化，从精准的中投手，成为一个合格的三分手，季后赛中他的远射堪称神乎其技，命中率高达45%，超出常规赛十个百分点。在射手贫瘠的雷霆，这一点太重要了，他简直是一个内线版3D球员！

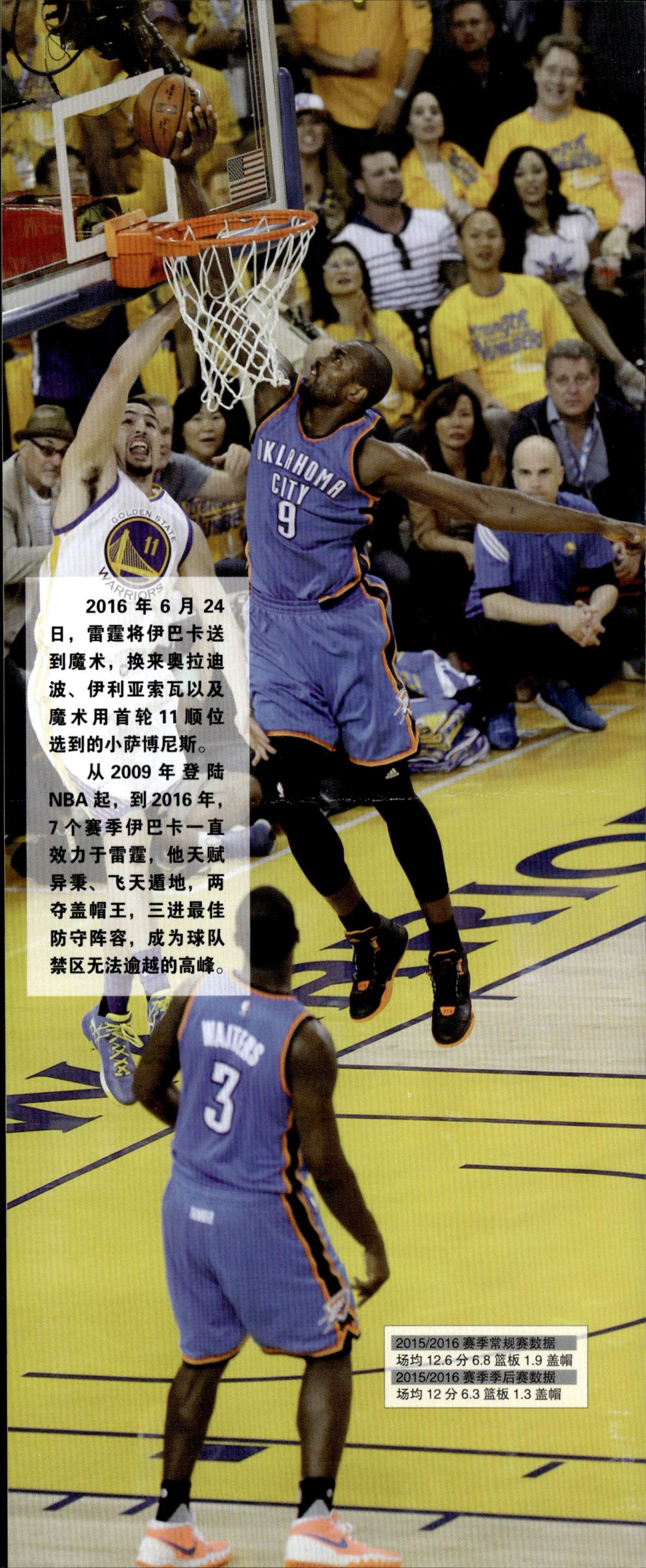

2016年6月24日，雷霆将伊巴卡送到魔术，换来奥拉迪波、伊利亚索瓦以及魔术用首轮11顺位选到的小萨博尼斯。从2009年登陆NBA起，到2016年，7个赛季伊巴卡一直效力于雷霆，他天赋异秉、飞天遁地，两夺盖帽王，三进最佳防守阵容，成为球队禁区无法逾越的高峰。

2015/2016赛季常规赛数据
场均12.6分6.8篮板1.9盖帽
2015/2016赛季季后赛数据
场均12分6.3篮板1.3盖帽

塞尔吉·伊巴卡
Serge Ibaka
生日：1989-9-18
国籍：刚果
身高：208cm
体重：111kg
位置：大前锋 / 中锋

怒发金刚

史蒂文·亚当斯 C

俄克拉荷马城雷霆点将录

亚当斯是一个强悍、高大、敏捷的巨人，短短几年，他从一个上场主要负责闹事、挑衅的纯角色球员，进化成俄城在禁区最重要的擎天柱。坎特太慢，伊巴卡太瘦。多诺万一上任就做出决定，由他取代坎特首发，如此他和伊巴卡一动一静，一刚一柔，让敢于侵犯俄城禁区的对手乘兴而来败兴而归。

在2016年季后赛中，他的禁区存在感更是发生了爆炸性的变化。他几乎可以抢得到每一个篮板，扛住每一次强打，甚至每场至少来一个鲨鱼式的人群中暴起重扣。当他在西部决赛第三场被格林踢中下体后，他选择沉默，完全不像以前那个随时挑衅对手的他。我们只看到，他在第四战用更加强硬的篮下表现予以回应。

整个2016年季后赛，他上场时间不过场均30分钟，却几乎场均两双，命中率高达63%。实际上，也许强悍勇武的他才是最能诠释雷霆精神的球员。

史蒂文·亚当斯
Steven Adams
生日：1993-7-20
国籍：新西兰
身高：213cm
体重：116kg
位置：中锋

2015/2016 赛季常规赛数据
场均 8 分 6.7 篮板 1.1 盖帽
2015/2016 赛季季后赛数据
场均 10.1 分 9.5 篮板 0.8 盖帽

影武奇兵

迪昂·维特斯 SG

俄克拉荷马城雷霆点将录

维特斯只用三轮季后赛，就彻底拯救了自己的名声。他在新秀赛季名鹊起，场均15分赢得"小韦德"名号。但惊喜之后就是期待提高后的苛责，他的大局观毫无长进，还喜欢扔一些高难度的球，以及似是被欧文传染的无休止粘球——以至于随后两年，他没有任何提高。

詹姆斯回归克利夫兰，维特斯和骑士队的矛盾彻底激化，于是被交易到雷霆。雷霆期待他成为哈登之后的新一代第三持球点，而维特斯的表现显然不符合期待。但他毕竟是第四顺位新秀，这意味着他有足够的天分和潜质。

2016年西部半决赛第四战，面对中距离防守空虚的马刺，他那一手半生不熟的招式突然得到了用武之地，11投7中拿下17分成为奇兵，帮助雷霆扳平总比分，逆转系列赛走势。西部决赛对勇士第三战，他再次打出11投6中的表现，一次左翼强突后双手暴扣更是对得起"小韦德"的名号。

进攻端爆发伴随着防守端进步，无论面对莱昂纳德还是汤普森，他的防守都足够到位。与常规赛相比简直判若两人。你很难解释这种突变——莫非他就像传说中的影武者，在骑士，他扮演欧文，在雷霆，他扮演的是威斯布鲁克。

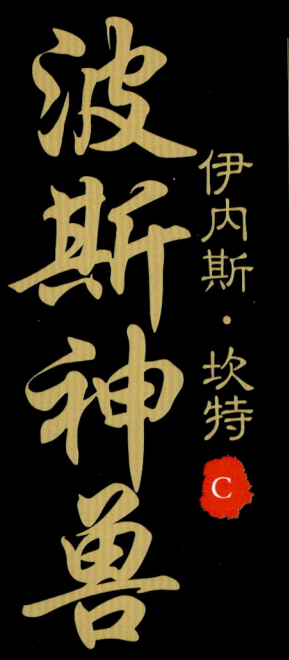

波斯神兽

伊内斯·坎特 C

俄克拉荷马城雷霆点将录

坎特身为一个标准的欧洲传统内线，在如今这个联盟，反而成了异类，庞大的体重，罕见的背打，以及一手欧洲内线必备的细腻中投。但与此同时，他的爆发力让人摇头，他的脚步缓慢程度别说和雷霆这支天赋军团格格不入，就连平庸、守旧的爵士队也对他没有兴趣，因为这让他根本防不住任何两个人的挡拆配合。但无独有偶，每个人都有他的机遇，雷霆和这个巨人之间已经有了某种相互成就的意味。

2014/2015赛季，坎特来到雷霆，他的挡拆、空切、中投、篮下终结，无不让正在完成职业生涯最重要的一次进化的威斯布鲁克久旱逢甘霖。正因为两人长达半个赛季的反复演练，威少真正品尝到了做控卫的乐趣，在给内线传球的角度和时机的把握上，更是一日千里。对马刺，当雷霆逼得马刺不断单打时，坎特缓慢的弱点遂被掩盖了。之后虽然他的速度和防守，让他无缘成为雷勇大战的主角，但他的技巧和篮下存在感可以让他帮助雷霆成功度过轮换时间，让用血气和生命同对手火拼的六大主力可以喘上一口气，灵光一现时还可以救急。毕竟，无论什么时代，一个经验丰富的内线都不会彻底失业的。

伊内斯·坎特
Enes Kanter
生日：1992-5-20
国籍：土耳其
身高：211cm
体重：111kg
位置：中锋

2015/2016赛季常规赛数据
场均 12.7分 8.1篮板 0.4助攻
2015/2016赛季季后赛数据
场均 9.4分 6.2篮板 0.6助攻

Russell Westbrook 数据酷

157
总抢断队史第一

2016年5月31日,西部决赛抢七战,雷霆88比96不敌勇士,但是威斯布鲁克完成里程碑,季后赛的抢断数达到了157次,从而超越了队中名宿:加里·佩顿,升至队史(含前超音速)首位。

7
单场抢断队史第一

2016年5月17日,雷霆在客场以108比102战胜勇士,威斯布鲁克全场拿下7次抢断,打破了其个人生涯季后赛抢断纪录,也创下队史(含前超音速)32年来的纪录。

5
季后赛三双数

2016年5月24日,雷霆主场118比94大胜勇士,威斯布鲁克砍下36分、11个篮板和12次助攻,这也是他个人职业生涯第五次季后赛三双。

626
总助攻超越名宿

2016年5月31日,西部决赛抢七战,雷霆88比96不敌勇士,威斯布鲁克完成里程碑,贡献19分7个篮板13次助攻,由此,他的季后赛生涯助攻总数达到626次,超越特里·波特,排到NBA历史第33位。

1748
得分超越"喷气机"

2016年5月7日,马刺100比96胜雷霆,威斯布鲁克砍下31分,季后赛总得分拿到1748分,超越了老将杰森·特里,排名联盟季后赛得分榜第72位。

18
单季三双数追平魔术师

2016年4月12日,雷霆以112比79胜湖人,威斯布鲁克得到13分10个篮板14次助攻,将2015/2016赛季的三双次数改写为18次,追平"魔术师"约翰逊在1981/1982赛季的单季18次三双纪录。值得称道的是,威斯布鲁克也是除了"魔术师"以外,过去40年来单季三双最多的球员。

4×12
连续12次助攻

2016年5月24日,雷霆主场118比94大胜勇士,威斯布鲁克送出12次助攻,这是他连续4场送出不低于12次的助攻。过去20年来其他能够做到在一个赛季的季后赛中连续4场至少送出12次助攻的球员只有纳什(2005年连续4场)、隆多(2012年连续5场)。

20
助攻新高

2016年3月10日,雷霆主场120比108战胜快船,威斯布鲁克全场打了37分钟,拿到25分11个篮板20次助攻2次抢断1次盖帽,其中助攻数刷新了生涯纪录,威斯布鲁克之前的单场最高助攻数为18次。

Russell Westbrook
拉塞尔·威斯布鲁克
个人档案

- 拉塞尔·威斯布鲁克 /Russell Westbrook
- 绰号：威少、大西布、RW
- 国籍：美国 ●出生地：加利福尼亚州长滩市
- 出生日期：1988 年 11 月 12 日
- 身高：191cm/ 体重：91kg
- 毕业院校：加州大学洛杉矶分校
- 效力球队：雷霆 / 球衣号码：0
- 场上位置：控球后卫
- 荣誉：5 届全明星 /2 届全明星 MVP/1 次得分王 / 最佳阵容一阵（2015/2016 赛季）/2010 年世锦赛冠军 /2012 年奥运冠军

威斯布鲁克常规赛数据

赛季	球队	篮板	助攻	得分
2008/2009	雷霆	4.9	5.3	15.3
2009/2010	雷霆	4.9	8.0	16.1
2010/2011	雷霆	4.6	8.2	21.9
2011/2012	雷霆	4.6	5.5	23.6
2012/2013	雷霆	5.2	7.4	23.2
2013/2014	雷霆	5.7	6.9	21.8
2014/2015	雷霆	7.3	8.6	28.1
2015/2016	雷霆	7.8	10.4	23.5
场均数据		5.6	7.6	21.5

威斯布鲁克季后赛数据

赛季	球队	篮板	助攻	得分
2009/2010	雷霆	6.0	6.0	20.5
2010/2011	雷霆	5.4	6.4	23.8
2011/2012	雷霆	5.5	5.9	23.1
2012/2013	雷霆	6.5	7.0	24.0
2013/2014	雷霆	7.3	8.1	26.7
2014/2015	雷霆	—	—	—
2015/2016	雷霆	6.9	11	26
场均数据		6.2	7.6	24.5

威斯布鲁克全明星赛数据

年份	举办地	篮板	助攻	得分
2011	洛杉矶	5	2	12
2012	奥兰多	5	2	21
2013	休斯敦	4	3	14
2015	纽约	5	1	41
2016	多伦多	8	5	31
场均数据		5.4	2.6	23.8